要把武汉建成纽约、伦敦之大，要建设成东方的芝加哥。

——孙中山

Da Wuhan
DAODI SHENME DA

大武汉
到底什么大

梁相斌 / 著

长江出版传媒
湖北人民出版社

图书在版编目（CIP）数据

大武汉到底什么大/ 梁相斌著.

武汉：湖北人民出版社,2014.11

ISBN 978－7－216－08415－4

Ⅰ.大… Ⅱ.梁… Ⅲ.城市建设－研究－武汉市 Ⅳ.F299.276.31

中国版本图书馆CIP数据核字(2014)第256286号

出 品 人：袁定坤
责任部门：时政经济与鄂西分社
责任编辑：施先稳
封面设计：刘福珊
责任校对：万山红
责任印制：杜义平
法律顾问：王在刚

出版发行:湖北人民出版社   地址:武汉市雄楚大道268号
印刷:武汉市福成启铭彩色印刷包装有限公司   邮编:430070
开本:787毫米×1092毫米1/16   印张:10
版次:2014年11月第1版   印次:2014年11月第1次印刷
字数:150千字   插页:3
书号:ISBN 978－7－216－08415－4   定价:45.00元

本社网址：http://www.hbpp.com.cn
本社旗舰店：http://hbrmcbs.tmall.com.
读者服务部电话：027-87679656
投诉举报电话：027-87679757

(图书如出现印装质量问题，由本社负责调换)

Contents
目 录

大武汉，每个时期都有独领风骚之大

　　文化是一个民族的根，一个城市的魂，其力量深深熔铸在民族和城市的生命力、凝聚力、创造力之中，关系到强国之本、强市之基、富民之路。文化与经济、政治相互渗透、相互促进，是一个国家或城市经济社会发展的动力源泉之一。任何一次社会进步和变革都有其深刻的文化渊源和内在的文化推动力。泱泱大武汉，自古就以海纳百川、有容乃大的胸怀和气度，从中西方先进文化中汲取营养，集百家思想之长，汇各派文化之大成，兼容并包，融会贯通，形成自己别具一格的文化风貌与品格。

　　江河湖海是人类文明的摇篮，水是城市赖以生存和发展的重要物质资料和战略资源。古今中外，许许多多城市，皆是因水而生、依水而兴——埃及的开罗、亚历山大，伊拉克的巴格达，印度的新德里，中国的西安、洛阳……不论是长江、黄河流域，还是印度河、恒河、尼罗河和"两河"流域，都依水兴起无数历史名城，水孕育了璀璨的江河文化和多姿多彩的人类文明。

随着城市的不断扩张，国内外不少城市的土地、淡水等战略性资源减少，环境承载力下降，城市发展面临严重的资源环境瓶颈。而坐拥土地、淡水等丰富战略资源的武汉，得益于强大的资源环境承载能力，城市发展空间巨大。同时，随着武汉开始实施建设国家中心城市和国际化大都市的重大战略机遇，武汉在国家发展大局中的地位不断提升，武汉的大发展正当其时。

第三章　大都市圈

武汉扼南北之枢纽，居东西之要津，自古便可西入巴蜀，东达吴越，北上豫陕，南抵湘桂，被称为"九省通衢"之地。1906 年，张之洞在武汉修建的(北)京汉(口)铁路建成通车后，置身中国水陆两大交通动脉交叉点上的武汉，其舟楫之利、列车之便，自此相得益彰。

第四章　大交通

商贸流通是联结生产和消费的桥梁和纽带，既引导生产、保障供给，又创造需求、促进消费，还提供就业、惠及民生。武汉自古就是中国的商贸重镇、通商口岸，"货到武汉活"的说法一直延续至今。随着综合交通体系的不断完善，武汉的商贸物流优势更加突出。

第五章　大商贸

科学技术是第一生产力，人是生产力中最革命、最活跃的因素。放眼全球，众多因科技而兴盛的城市，在新经济时代发展得更快、更有活力、更有朝气。如美国的波士顿，通过实施创新驱动型城市发展战略，实现了从美国"工业革命摇篮"向创新中心的华丽转身；帕罗奥多则因与"硅谷"和众多国际顶级高校毗邻，在短短数十年间，从无名小城一跃成为享誉全球的高科技研发中心。

第六章　大科教

世界一流的高精度等离子切割机、四个国际电联标准，中国第一根光纤、第一个光纤传感器、第一台半导体激光器，中国第一家国家级的光电子产业基地……这些"第一"都有一个共同的诞生地——中国光谷。光谷，已成为武汉科技创新的制高点、中国 IT 行业的新一极，为武汉市经济快速发展装上新的引擎。

第七章　大光谷

勘察设计行业作为典型的高科技、低碳产业，具有高技术密集、高智力集成、高附加值、强产业带动力、高社会贡献度等特征。如今，工程设计产业不但为武汉聚集了大量的国际、国内顶尖设计资源和人才，还将成为衔接建筑、水利、机械等相关产业的有力纽带。充分利用和发挥勘测设计行业优势，逐步变过去在国内、国际工程承包中的劳务输出为技术、设备、甚至整体解决方案的提供。以此来开拓国内国际市场，不仅有利于推动"设计走出去"，还有利于带动武汉市的机械、电子、制造等相关产业的发展，凸显武汉市"设计+制造"的集成优势，并为城市、地区乃至国家的转型发展提供一种新的战略思路。

第八章　大设计

世界汽车产业发展的未来在中国,中国汽车产业今后十年的重点主要看中西部,当前中国中西部地区正在加速推进工业化和城市化,已经成为全球最具增长潜力的汽车消费市场,汽车制造商加快向中西部聚集。在这一趋势中,武汉正处于国家长江经济带和京广线两大主轴战略的交会点,是全球资本进入中国中西部地区的支点,日益成为全球汽车产业新的聚集地。

第九章　大汽车

钢铁是重要的工业原材料,钢铁工业是国民经济的重要基础产业,涉及面广、产业关联度高。从一百多年前的"汉阳造"到如今的"武钢",武汉作为传统的钢铁制造业基地,目前又着力打造中部现代制造业中心,对钢铁及其制品的需求不断增大,上下游产业链的延伸空间更加广阔。钢铁及上下游产业,对于武汉的产业发展、城市发展,发挥着不可磨灭的作用。

第十章　大钢铁

大武汉，每个时期都有独领风骚之大

作为一名出生在陕西，曾经在西安、深圳、哈尔滨、北京等城市工作过的"外地人"，初到湖北，我经常听到"大武汉"的说法。大武汉到底什么大？我一直在思考。我曾猜测，"大武汉"或许就是面积大吧。

在湖北工作一年后，这个问题依然困扰着我。困扰我的，并不仅仅是作为一个外地人，我不明白大武汉到底什么大，而是许许多多的武汉人、湖北人，他们也不知道大武汉大在何处——领导外出介绍，每人一个版本；老百姓外出炫耀，一人一个说法。

"大武汉到底什么大？"我问过很多本地人。

有人回答："面积大。"我一查，论地域面积，武汉 8494 平方公里，在全国城市中排第二十四位，在省级、副省级城市中排名第十三位，约为重庆的十分之一、哈尔滨的六分之一，仅为大庆、长春、丽水、北京、杭州的一半左右；论建成区面积，武汉 408 平方公里，位列全国第十，尚不足上海、北京的三分之一，与广州、深圳、天津也有较大差距。用"面积大"来解释大武汉之大，显然没有说服力。

　　有人回答："人口多。"我再一查,武汉人口总数1022万,连北京、上海的一半都不到,也比不上天津、广州、深圳,比我之前工作过的哈尔滨的人口还少。可见,"人口多"也不足为证。

　　有的同志很骄傲地告诉我:"'大武汉'大在有三镇。"我开玩笑说:"三镇大吗? 一个县都有十几个镇,乡镇、城镇可都是镇,这不是在说自己小吗? "

　　还有的同志说:"武汉是'大码头',九省通衢嘛……"但中国八大亿吨以上的港口码头没有武汉。

　　大武汉到底什么大? 这个看似简单的问题,我请教了上百人,竟然没有一个人能回答得清楚。

　　查阅资料我发现,最初大武汉并不是武汉人的自称,有一种观点认为,这一说法是源于孙中山先生的概括。孙中山先生曾在《建国方略》里谈道:"要把武汉建成纽约、伦敦之大,要建设成东方的芝加哥。"

　　说起大武汉,就不能不提起张之洞,这位大武汉理念的建立者、践行者。在他主政的18年间,兴实业、办新学、练新军、应商战、劝农桑、新城市,大力推行"湖北新政"。先后在武汉成立了自强学堂、农务学堂、湖北工艺学堂等,还创办了汉阳铁厂、汉阳铁厂机器厂、湖北枪炮厂、缫丝局、纺纱局、制麻局等一批近代工业企业,工业化水平居全国之冠,汉阳钢铁厂成为当时亚洲最大的钢铁联合企业,"大工业"体系已初步奠定。

　　在近代,曾流传着"货到汉口活,茶到汉口香"的佳话。据统计,1861年以后的60多年间,汉口茶叶贸易占整个中英贸易九成以上;从1871年至1890年,汉口年出口茶叶占国内茶叶出口总量的60%,成为全国最大的国际性茶叶交易市场,被欧洲人称为"茶叶港"。孙中山先生在《建国方略》中称:"武汉者,中国最重要之商业中心也。汉口更为中国中部、西部之贸易中心,又为中国茶之大市场。" 九省通衢的地理位置造就了武汉曾经的"大贸易"和茶叶"大市场"。

然而,自 20 世纪 90 年代开始,随着我国经济的开放,东部地区部分城市的迅速崛起,武汉昔日荣光已不复存在,1999 年,美国《未来学家》杂志曾发表《未来的超级城市》的文章,预言中国的"大武汉"、"大上海"将进入 21 世纪全球十大超级城市之列。十几年过去,武汉在世界超级城市的排名中仍不见影踪,曾有的优势竞争力也逐渐弱化。

"建设国家中心城市,复兴大武汉",近年来,武汉市委、市政府主动谋划、主动作为,明确提出这一目标。3000 亿元、4000 亿元、5000 亿元……武汉经济总量一年一个台阶,2012 年年末已位列全国副省级城市第 4 位。现在正在冲刺万亿元目标。

站在新的历史起跑线上,寻求新起点,凝聚新力量,武汉重振雄风正当其时。

我想,无论是建设国家中心城市,还是复兴大武汉,了解"大武汉"现在"大"在哪里,把握城市的本质特征和核心竞争力,掌握住城市发展之"魂",才能扬长避短,形成特色,持续发展,永葆繁荣,在中国乃至世界占有一席之地。

"大武汉到底什么大?"

每天吃完饭,我都有一个习惯——去东湖边散步,无论中午还是晚上。东湖是中国最大的城中湖,水域面积 33 平方公里,相当于 6 个杭州西湖。到武汉一年多来,走过东湖很多地方,却没有一次沿着它走过一圈,我深深感受到武汉大江大湖之大。

除此之外,武汉让我印象最深刻的,就是文化的深沉厚重和多样包容。

参观湖北省博物馆和荆州博物馆,我感觉到,湖北是当之无愧的荆楚文化发祥地,也是楚文化的代表之地。来到琴台,看到坐落于月湖之畔、江汉之滨的武汉琴台大剧院,与始建于北宋的古琴台隔湖相望,我不禁感叹,传统文化与现代文化,如此完美地融为一体。还有黄鹤楼、长春观、归元寺、辛亥革命纪念馆……游览这一个个景点,我不禁感叹,武汉真可谓是一个兼收并蓄、革故鼎新之地。我深深地觉得，文化产生的巨大影响力，已成为大武汉人内在动力的重要组成部分。

2012 年，我组织了新华社湖北分社高级记者、经济学博士、分析师团队对此展开了历时两个多月的专题调研，从历史、现状和发展前景三个维度，总结了武汉的主要优势，并通过对比研究，分析了这些优势在国际国内相关领域的地位，形成分析报告《大武汉到底什么大》。

武汉市委书记阮成发同志阅读该报告后，对新华社湖北分社的做法表示高度肯定，专门撰写署名文章，向武汉市广大干部群众推荐。一时间江城上下，政府官员、专家学者、广大市民，纷纷参与讨论"大武汉到底什么大"，全国重点媒体均对此事给予高度关注。

2014 年初，在前期研究成果的基础上，我们进一步系统总结，提炼了武汉的十大优势——大文化、大江湖、大都市圈、大交通、大商贸、大科教、大光谷、大设计、大汽车、大钢铁，反复打磨，数易其稿，形成了《大武汉到底什么大》一书。

大武汉到底什么大，其实难以给出标准答案，更难一言以蔽之。历史上之大和今天之大，除了大江湖、大文化的传承，其他各时期各有不同。比如大工业，张之洞时期和新中国成立初期，在当时确实独领风骚。随着全国经济格局调整和自身经济发展，今天大武汉的"大"，也会不断变化调整。我们将此命题集结成册，不是要给"大武汉"的"大"以固定的答案，而是想以此启发人们的思维，激发人们的讨论，使人们经常朝着这个方向去思考，努力发掘城市的核心价值，着力打造城市新的"大价值"，建设名副其实的"大武汉"。

2014 年 10 月

第一章

大文化

文化是一个民族的根，一个城市的魂，其力量深深熔铸在民族和城市的生命力、凝聚力、创造力之中，关系到强国之本、强市之基、富民之路。文化与经济、政治相互渗透、相互促进，是一个国家或城市经济社会发展的动力源泉之一。任何一次社会进步和变革都有其深刻的文化渊源和内在的文化推动力。泱泱大武汉，自古就以海纳百川、有容乃大的胸怀和气度，从中西方先进文化中汲取营养，集百家思想之长，汇各派文化之大成，兼容并包，融会贯通，形成自己别具一格的文化风貌与品格。

当你真正读懂了这座城市，你就不难理解，武汉文化之所以称为大文化，并不是基于"大武汉"的逻辑推论，而主要是对武汉文化的内涵、品格及规模的考察概括。武汉的大文化有色、有声，惹人遐思：大文化的色调五彩斑斓，载录着古代大禹治水、屈子行吟、伯牙鼓琴、李白放歌、木兰从军的美妙佳话；大文化的旋律慷慨激昂，上演了辛亥首义、"二七大罢工"、北伐战争、武汉抗战的壮丽史诗。作为盘龙之城、黄鹤之乡、明清重镇、近代"东方芝加哥"，大气、厚重的"大文化"自然而然地成为了"大武汉"的精神品格。而今，随着国家发展格局的演变和推进，武汉的大文化更有了新的诠释与创新，日益成为大武汉复兴的精神动力和智力支持。

一、积淀深厚的文化底蕴

源远才会流长,根深方能叶茂。武汉文化之大,首先体现在它悠久的历史与丰厚的积淀。丰富的历史文化资源,是武汉市一笔巨大的文化财富。1986年,国务院公布武汉市为第二批国家级历史文化名城之一。中国历史文化名城桂冠的获得,就是国家对武汉历史文化地位的认可。

武汉地处华中腹心,连接四面八方,加上依傍长江汉水,具有得天独厚的地理区位。和山城重庆、蓉城成都、春城昆明一样,武汉市也有一个属于自己的别致的名字——江城。它得名于唐代大诗人李白"黄鹤楼中吹玉笛,江城五月落梅花"的名句。武汉人非常喜爱"江城"这一佳名,于是自号为江城人。

除江城之外,武汉是"水城",江河湖泊纵横交错,星罗棋布,水域面积占市域面积的四分之一,使武汉自古就是长江流域文化与黄河流域文化连通的桥梁,吴越文化、巴蜀文化、中原文化以及岭南文化等区域文化融合的纽带;

武汉是"古城",有3500年城市文明传承史,特别是在中国近现代史上,因为有了武汉,才更加多了几分激情与活力;

武汉长江大桥

　　武汉是"诗城"，从李白、崔灏、孟浩然，一直到伟人毛泽东，都在这里留下大量流传千古的诗篇；

　　武汉还是"桥城"，坐拥大小桥梁1200多座。

　　这些名称不仅反映了武汉地区的历史文化发展渊源，而且令武汉充满了诗情画意和文化魅力。

　　"汉阳人"头盖骨化石的发现，表明在距今5万~1万年的旧石器时代，武汉地区就有先民的存在。在武昌放鹰台等地发现并出土的大量文物和墓葬遗址，证明武汉地区在新石器时代已经成为人类聚集生活的地方。

　　特别是市郊黄陂境内发现的商代盘龙城遗址，承载了武汉盘龙城即盘龙城遗址，中国商代前期城市遗址，位于湖北省武汉市黄陂区叶店乡杨家湾盘龙湖畔，面积约1.1平方公里，遗址文化堆积的时代，上限相当于二里头文化晚期，下限相当于殷商中后期。

3500年的城市历史之源，开启了江城文明之光，也是迄今我国发现及保存最完整的商代古城。其中，般般件件的殷商青铜器皿展示着当时制造业的巅峰水平，亦为中国历史所罕见。

三国时期，在武昌和汉阳筑有夏口城和却月城，唐代时已是著名商埠，明清时为全国"四大名镇"之一。

在中国漫长的历史中，都有物化的痕迹遗落于武汉三镇：汉阳城北的龟山和武昌蛇山夹江相对峙，形势十分险峻，不仅为兵家必争之地，还留下大禹治水至此遇灵龟相助的传说，从另一个侧面论证了武汉历史的悠长；

头戴峨冠、满腔忧愤的爱国诗人屈原，战国末期曾行吟在武汉东湖一带，留下了行吟阁、沧浪亭等名胜古迹，为国务院首批命名的国家级风景区东湖增添了隽永韵味；

东湖端午祭活动

巾帼英雄花木兰的传奇故事发生在武汉黄陂北乡、以木兰山为中心的木兰生态旅游区一带，素为生态良佳、人文荟萃之地；

近现代史的转折性剧变使三镇遍布革命胜迹，1911年辛亥革命首义于此，现存的起义门旧址、武昌阅马场的红楼和孙中山的纪念铜像无言地诉说着当年辛亥革命党人的英勇悲壮；

中国工人运动史上著名的"二七"工人大罢工，留下了施洋烈士墓、林祥谦就义处等多处遗迹供后人凭吊；

位于汉口鄱阳街的八七会议会址纪念馆，成为中国由大革命失败到土地革命战争兴起的转折点的见证；

号称江南三大名楼之一的黄鹤楼，以及历史悠久的归元寺、长春观、高山流水觅知音的古琴台等，都是武汉极负盛名的标志性历史文化景点。

"木兰，朱氏女子，代父从征。今黄州黄陂县北七十里，即隋木兰县。有木兰山、将军冢、忠烈庙，足以补《乐府解题》之阙。"
——明 焦竑《焦氏笔乘》

黄鹤楼

萦绕于斯的楚文化、黄鹤文化、东湖文化、佛教文化、道教文化等，都浸润着这里的一草一木。武汉的历史和文化，就物化在这残垣断壁、亭台楼阁与山川湖泊之中。

武汉市是一个文物资源丰富的城市，按照级别划分，武汉市有全国重点文物保护单位29处，省级文物保护单位85处，市级文物保护单位167处，区级文物保护单位144处。按照文物保护单位的类别划分，武汉市域内有古文化遗址53处、古墓葬22处、古建筑36处、石窟寺及石刻6处、近现代重要史迹和代表性建筑164处。除此以外，还有市政府公布确认的147处优秀历史建筑以及数以千计的馆藏文物。

在不可移动文化资源中你会发现，既有巴公房子、昙华林等武汉人耳熟能详的优秀历史建筑，也有汪家畈遗址、杨家湾遗址等一批在江夏、黄陂等远城区新发现的古遗址，还有代表汉派商贸文化的东来顺饭店旧址、老会宾酒楼旧址、初开堂药店旧址等一批江城老字号也被纳入其中。

与武汉的物质文化遗产一样，武汉非物质文化遗产也十分丰富。在2006年6月9日中国首个"文化遗产日"，武汉市非物质文化遗产保护中心、武汉市非物质文化遗产展览中心在武汉市群众艺术馆挂牌成立，非物质文化遗产保护工作在原有民族民间文化保护工作的基础上取得了丰硕的成果。

截至目前，共有99个项目进入武汉市非物质文化遗产名录，其中汉剧、楚剧、木兰传说等12项入选国家级非物质文化遗产名录，黄鹤楼传说等34项入选湖北省非物质文化遗产名录；

有84人入选武汉市首批非物质文化遗产项目代表性传承人，其中著名汉剧表演艺术家陈伯华等11人被认定为国家级非

陈伯华（1919.3—   ）女，农历己未年出生，湖北武汉人。湖北汉剧旦角。一级演员。代表作《宇宙锋》、《二度梅》、《柜中缘》、《三请樊梨花》等，已被拍摄成电影、电视艺术片。图为陈伯华与梅兰芳在一起研究表演艺术

物质文化遗产项目代表性传承人，45人被认定为省级非物质文化遗产项目代表性传承人；

武汉洪发高洪太铜响器有限公司等13个单位，被确定为武汉市非物质文化遗产生产性保护示范基地，其中武汉高龙非物质文化遗产传承园等3个单位被确定为湖北省非物质文化遗产生产性保护示范基地。

在非物质文化遗产目录中，作为武汉民间文化瑰宝的黄鹤楼传说，蕴含着深厚而丰富的仙道文化、民间智慧、文人流韵等传统文化内涵；

马应龙创始人马金堂摸索总结出的一套独特眼药制作技艺，距今已有400多年历史，其择优相传的制作技艺至今犹披着神秘的面纱；

始创于清朝顺治年间的归元寺庙会，经过300多年不断演

2014 年春节归元寺庙会

变,成为集佛教文化、民俗文化、商贸文化、饮食文化于一体的盛会,在春节前后吸引武汉三镇百万民众参与,成为武汉一张具有浓厚民俗韵味的文化名片。

对于文化而言,越是民族的,就越是世界的。汉味浓郁的汉绣和汉剧、楚剧,可以视为武汉文化画卷中的耀眼亮色,堪称世界瑰宝。

2008 年,汉绣被列入第一批国家级非物质文化遗产名录,引起了社会各界的广泛关注。武汉汉绣绣品千种规格、万种花样,与温文尔雅的苏绣、清新淡丽的湘绣相比,武汉汉绣以粗犷浓艳而独树一帜。

汉绣服装展

同时,汉剧作为国家级非物质文化遗产,是国粹京剧的主要来源之一。汉剧有上千个传统剧目,现存剧目仍有 660 多个,主要演出历代演义及民间传说故事。

汉剧剧照

在武汉申报的非物质文化遗产名录中,楚剧与汉剧同样榜上有名。楚剧旧称"黄孝花鼓"、"西路花鼓",约有 100 多年的历史,是在黄陂、孝感一带的竹马、高跷等民间歌舞及鄂东的"哦呵腔"的基础上发展形成的。楚剧具有题材广泛、通俗易懂、生动活泼、乡土气息浓厚的特点,深为广大群众喜闻乐见。

武汉文化兼容并蓄、海纳百川的禀赋,不但孕育了汉剧、楚剧,也以宽广的胸怀接纳了京剧、越剧、豫剧、评剧、话剧、儿童剧、歌舞、杂技、曲艺、交响乐等众多艺术品种,令每一种艺术在江城都有一方属于自己的舞台。

真正有特色的文化,往往是为大众所喜闻乐见的文化。群众性文化一旦形成并繁盛到一定程度,又会升华为城市的特色文化,成为城市发展的不竭动力。武汉文化的汉味浓郁,就因拥有深厚的群众基础而显得市民化、大众化,充满着紧接地气的生机与活力。

比如流布于武汉、沙市、宜昌等长江沿岸城市的湖北评书,就是用湖北方言讲故事。湖北评书的繁荣发展开始于清同治年间。至光绪年间,洋务派在武汉建立大型工业,修建京汉铁路,市镇经济有了发展,人口骤增,使评书有了大量听众。湖北评书讲述风格幽默酣畅,语言流畅、华丽,描绘景物时常用韵律回旋有致的骈体,与叙述、对话时使用的生动口语辉映成趣。

何祚欢表演湖北评书

何祚欢是著名评书表演艺术家,国家一级演员,国家级非物质文化遗产项目"湖北评书"代表性传承人

还有湖北大鼓,其与湖北评书不同,以唱为主,夹以说白,以鼓板为主要乐器,演员边击鼓边唱说,风趣幽默,通俗易懂。张明智就是当今最为著名的湖北大鼓表演艺术家。

再如杂技这项发轫于民间的群众文化

艺术,也是武汉文化大观园中的奇葩。杂技起源于民间杂耍,1953年武汉杂技团的建立,对武汉杂技的发展和成熟起了重要作用。武汉杂技团先后编创了《顶碗》、《椅子造型》、《车技》、《跳板》、《双层定车》、《跳台晃板》等技巧难度高、动作优雅美观、惊险动人的优秀杂技节目,在国际比赛中多次捧回大奖,培养出了夏菊花、李莉萍等著

1963年,夏菊花在古巴演出的《顶碗》

名杂技演员,在国内外享有盛誉。以高难度和权威性而享誉世界杂坛的中国武汉国际杂技艺术节,是与摩纳哥蒙特卡洛国际杂技节和法国巴黎国际杂技节等齐名的四大国际杂技节之一,成为我国杂技演艺界的盛会。

另外值得一提的是,武汉素有"火炉城"和"江城"之称,长江穿城而过,加之夏季异常炎热,由此在武汉市民中产生了大规模的横渡长江活动和独特的夏夜纳凉活动。这两种具有广泛群众基础的独特文化活动,进而形成为相对固定的国际渡江节和"武汉之夏",成为武汉新的城市文化名片。

二、 多元复合的文化基因

大武汉之大,本质上取决于这座城市所具有的开放包容的文化内核。武汉地处华中腹心,又号称"九省通衢",先天的地理优势为文化的多元复合创造了有利条件。

"海纳百川,有容乃大",恰好诠释了三镇文化的有机融合与

包容。就武汉文化内部看,它是由武昌、汉口、汉阳三镇文化组成的,而历史上,武汉三镇起源不同、功能不同,居民的职业、社会地位、价值观念与行为方式也不一样,其文化内涵与特色也不尽相同。

武昌之名始于东汉末三国初,孙权为了与刘备夺荆州,于公元221年把都城从建业(今南京)迁至鄂县,并更名为"武昌",取"以武治国而昌"之意,武昌之名是与今鄂州市互换的。

从考古发掘来看,新石器时期的水果湖放鹰台和南湖老人桥、洪山区花山乡的许家墩和棋子墩等处,就是古人在武昌的栖居之地。旧时的武昌手工业发达,以造船、冶金、铸造钱币为主,武昌的陶瓷名叫"影青瓷"。

放鹰台

另外,在武昌最值得一提的事情就是黄鹤楼的屡次兴废,从三国时期至今已历十余次,每次重建都呈现出不同的风貌,反映出大武汉历史的变革与兴废。特别是元明以来,武昌作为湖广行省与湖北省省会而日益成为政治文化中心。

汉阳得名于公元606年(隋朝大业二年)改汉津县为汉阳县,唐代将县治由今蔡甸区临嶂山移至汉阳市区后迅速发展起来。

汉口镇兴起于明末,清初迅速成为一座新兴商埠,"十里帆樯依市立,万家灯火彻宵明",商业和知名度远远超过了武昌和汉阳。至清朝康熙年间,汉口已与河南朱仙镇、广东佛山镇、江西景德镇并列为全国四大名镇,"居民填溢,商贾辐辏,为楚中第一繁盛处",由此形成独有的商贸文化。

清朝末年,湖广总督张之洞于1905年在汉口修筑张公堤。这条堤对降低后湖一带的水位,使荒湖野洲形成陆地,为起初狭小的汉口面积扩建提供了便利条件,大武汉自此从体量上更具规模。

1927年年初,武汉国民政府将武昌与汉口(辖汉阳县)两市合并作为首都,并定名为武汉。新中国成立后,三镇纳入统一建制,但由于基本保持了旧有的城市功能分区,三镇不同的文化分野在融合趋同的过程中依然得以延续至今。

人不仅是文化的创造者,也是文化的负载者。人口的流动实际上就是人们将自己创造、认同的文化进行异地传播的过程。从古至今,商品、人口、信息的流动,不断地将中原文化、秦晋文化、巴蜀文化、湖湘文化、岭南文化、吴越文化、江淮文化、江右文化及齐鲁文化等带到武汉。清代汉口就被称为"本乡人少异乡多",习俗"杂有吴越川广之风"。

张之洞

张之洞(1837—1909),字孝达,号香涛,晚年自号抱冰老人,河北南皮人,晚清重要政治家,洋务派首领。张之洞与曾国藩、李鸿章、左宗棠并称晚清"四大名臣"。

在武汉,三代以上为本地土著居民者很少,说武汉是一座移民城市毫不为过。因此,作为一个开放的系统,武汉这座城市在文明进程中吸引着全国各地的农工商人员,基本上形成了一个以移民为主体的社会,长期大量的移民和人口流动进一步增强了武汉文化的开放包容性。

19世纪中叶武汉开埠后,随着对外贸易的发展、外国租界的开辟、现代工商业的兴办、新式教育体系的创立,人口迅速集结,城市内万商云集,工业、交通、商业、服务行业吸引了大量劳动力,移民人口来自皖、赣、川、豫等省及湖北境内各州县,外国人也联翩而至,昔日五六十万人口左右的市镇到抗战前夕的1937年已发展成百万人口的大都会。就这样,武汉成为西方文化及各种新思潮在中国内地传播的平台。

在各种文化思潮的碰撞中,新型知识分子的形成,武昌首义的爆发,五四新文化运动的兴起,打下了武汉融会中西、博采众长的思想文化基础。1949年5月,武汉解放更使城市发展迎来了新的纪元。改革开放以来,移民文化推动武汉人的创新意识得以充分展示,特别是1992年被批准为对外开放城市以来,武汉国民经济快速发展,城市功能显著增强,人民生活质量和水平明显提高,城市人口大幅增长。

2013年年底,常住人口已达1022万,户籍人口822万,大量外来迁入人口及流动人口,给武汉城市文化带来了移民文化的开拓进取、兼容并蓄的基因,铸就了武汉文化的多元并存、有容乃大的品格。

武汉在吸收融合外来文化形成自身文化的同时,也给国内不同地域文化乃至外国文化在武汉的流传提供了宽松的环境。单就饮食文化方面的表现就足以证明此点。南方的米,北方的面,川渝的辣,闽浙的甜,荟萃在一起,构成"舌尖上的武汉"。多样化的饮食,鲜活的市民气息,使得武汉有"早尝户部巷,夜吃吉庆街"之说。武汉的早点种类繁多,做法巧妙,价格便宜,分量较足。

武汉作家池莉曾经在其作品《热也好 冷也好 活着就好》里谈及过武汉的早点:"老通城的豆皮,一品香的一品大包,蔡林记的热干面,谈炎记的水饺,田恒启的糊汤米粉,厚生里的什锦豆腐脑,老谦记的牛肉枯炒豆丝,民生食堂的小小汤圆,五芳斋的麻蓉汤圆,同兴里的油香,顺香居的重油烧梅,民众甜食的汰汁酒,福庆和的牛肉米粉……"

武汉四大名早点,依次是蔡林记的热干面、五芳斋的汤圆、四季美的汤包、老通城的豆皮。其他的特色小吃有面窝、糊汤粉、欢喜坨、糯米鸡,等等,更有多种汤粉、面条、蒸饺、包子等。

热干面

热干面是武汉特色汉族小吃。它与北京的炸酱面、河南的烩面、山西的刀削面、四川的担担面,并称为中国五大面食。

武汉文化的多元性还表现在宗教信仰方面,佛教、道教、基督教、天主教各有信众,互不相扰。作为一座多民族聚居、多宗教并存的城市,武汉有佛教、道教、伊斯兰教、天主教、基督教,主城区至今保留下来的或重新修建的宗教场所达485处。

其中,佛教有归元寺、宝通寺、莲溪寺、古德寺、铁佛寺、栖隐寺、龙华寺、卓刀泉寺;道教有长春观;伊斯兰教有民权路清真寺、江岸清真寺、起义门清真寺、马家庄清真寺;天主教有上海路堂、花园山堂、显正街堂、柏泉堂;基督教有荣光堂、救世堂、武昌堂、崇真堂、圣光堂、青山堂。这23处寺观堂,是我市目前重要的宗教活动场所。武昌归元禅寺、宝通禅寺、莲溪禅寺、正觉寺(后为古德禅寺)并称为武汉佛教"四大丛林"。

　　与此同时,武汉多元复合的文化基因中内蕴了敢为人先、追求卓越的城市精神,不断升华着文化的境界与品位。

　　自元明以来,武昌相继成为湖广行省与湖北省省会,元代湖广行省辖区甚至囊括今湖北省一部、湖南、广西、贵州、海南等广袤地域,受政治行政中心的影响,武汉成为上述地域的文化中心。

　　近代以后,特殊的历史机遇还将武汉推到中国历史的前台,让武汉在关系中国命运的一系列重大事件中扮演重要角色。从此,武汉风云际会,逐渐向综合性多功能现代化城市演变,城市精神也在城市历史变迁中不断丰富和彰显。

　　武汉人敢为天下先,打响了推翻两千多年君主专制、建立民主共和制国家的第一枪,掀起全国反清独立浪潮,打开了思想解放的闸门,其爱国、民主、拼搏和创新精神永远激励着后人;

　　作为"二七"工人运动的发祥地,施洋、林祥谦等烈士血洒江

武昌起义门

城,先烈们坚定的革命立场、勇气和大无畏牺牲精神,锻造了武汉人钢铁般的意志和品格;

抗日战争初期,武汉一度成为全国抗战指挥中心,国共两党合作抗战的大本营。周恩来称"武汉是中华民国的诞生地,是革命北伐时代的最高峰,又是全中华民族抗战的中心"。此时的武汉吸引了大批爱国知识分子。他们面对外敌侵凌、国家危难的局势,不约而同地发出了"到武汉去"的呼声。在一年多时间里,华北、华东各地千余名作家、艺术家及其他文化工作者投奔武汉,忘我开展各种文化抗战工作,使武汉一时成为全国抗战文化的中心。

首义广场的孙中山塑像

汉口街头军队

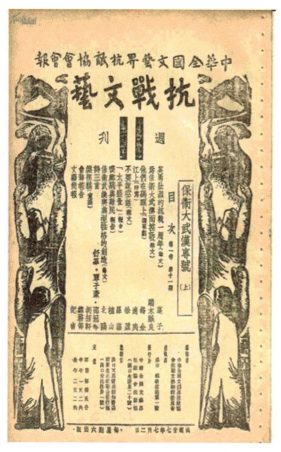

抗战文艺——保卫大武汉专号（民国 27 年 7 月 9 日）

《保卫大武汉》的激昂歌声响彻在武汉三镇的上空："热血沸腾在鄱阳，火花飞进在长江，全国发出了暴烈的吼声，保卫大武汉!武汉是全国抗战的中心，武汉是今日最大的都会,我们要坚决地保卫着她，像西班牙人民保卫马德里。粉碎敌人的进攻，巩固抗日的战线，用我们无穷的威力,保卫大武汉!"

1954 年和 1998 年,武汉两遇特大洪水,江城人民齐心协力缚苍龙，铸就了可歌可泣的伟大抗洪精神。就这样，从首义精神到二七精神，再到抗战精神，继而到抗洪精神，一代又一代的精神传承，深刻地融入了武汉敢为人先、追求卓越的城市精神之魂。

三、蓬勃发展的现代文化

教育与文化相伴相生，没有教育支撑的文化不能说是大文化。大学文化作为城市文化中的精英文化，具有先导性、创新性、综合性和独创性的特点，能够发挥引领和创新城市文化的作用。一个城市要提升文化品位，增强文化竞争力，扩大知名度，需要大学文化的引领。武汉之所以有大文化的底气，还根源于

武汉大学大门

武汉大学樱花盛开时节

武汉是公认的"大学之城"。

自晚清民国以来，武汉就是中国高等教育发达的城市，发达的高等教育吸引了一代又一代的有识之士来到武汉学习工作。新中国成立后，武汉高等院校的数量和质量有了根本性提高。经过几十年尤其是改革开放三十多年的发展，现在的武汉高等教育蓬勃发展，呈现出繁花似锦的局面。

截至2013年年底，武汉地区共有普通高等学校85所，拥有118万在校大学生和研究生，以及数量约10万人的教职工，二者合计占当前武汉城区总人口约555万人的22%，使武汉成为全国文化科技人才高地,极大地提高了武汉城市人才竞争力。

武汉科教实力名列全国第三,是华中地区的科教中心,首要原因就是武汉的大学学科门类齐全,人才荟萃,具有跨学科研究的优势,拥有比较完善的相应配套服务设施,是我国科学研究尤其是基础理论研究的重要阵地。

除了有包括武汉大学等名牌大学在内的几十所高等院校之外,武汉还有邮科院、中科院病毒所、水生所、717所等科研院所,武汉光电国家实验室(筹)等国家重点科研机构有104所,企业研发机构达到400多家,与大学一起共同构成武汉科技创新的人才队伍和研发基地。

在新的历史时期,大武汉开放包容的文化基因得到了很好的传承与彰显。武汉各高校通过校际合作、互邀讲学、交换访问学者、出国留学、招收留学生、召开学术会议、发表科研成果等形式,成为武汉与外地尤其是海外文化交流的主要平台。

例如武汉大学与36个国家和地区的263所大学、科研机构建立了合作关系,人员往来、成果交流频繁。该校是中国最早接收外国留学生的院校之一,从20世纪50年代起,六十多年来,武汉大学共接收培养了来自世界50多个国家和地区的数千名留学生,其中有不少留学生经过系统学习,获得了武汉大学颁发的学士、硕士和博士学位,个别校友成为本国政要或杰出人物。

华中师范大学与国内许多重点院校、科研机构建立了合作关系,与美国、德国、日本、俄罗斯、法国、新西兰、澳大利亚、韩国、越南等70多个国家的100多所大学建立了校际交流关系,开展广泛的学术交流与科研合作。学校常年聘有外籍专家和教师在校任教。近几年,学校经常派出人员到国外留学深造,还有一批教师活跃在国际学术讲坛上,为促进中外科技、文化教育交

华中师范大学大门

流作出了贡献。学校建有专门的国际文化交流学院,负责招收和培养各种层次的留学生,推进国际汉语教育。

江汉大学是武汉市一所比较年轻的大学,也已与美、英、法、德、日、加、韩等国的高校和教育组织建立了良好的学术交流与合作关系。

武汉各大学频繁的高层次文化交流,扩大了所在城市武汉在世界的知名度和影响力,增强了武汉城市文化的开放性、包容性和多元性,同时也提升了武汉城市的现代化和国际化水平。

研究证明,当今世界重大科技成果发明,有一半以上是由大学科研人员完成的。随着武汉市科教兴市战略的提出,东湖高新技术区的创建,特别是 2009 年国务院批复东湖高新区建设国

江汉大学

家自主创新示范区,武汉成为继北京之后全国第二个拥有国家级自主创新示范区的城市之后,武汉文化迎来了与时俱进、充满创新活力的新契机。

武汉各高校不仅利用自身科技研究成果与当地企业合作,建立产学研联合实体,直接将科研成果转化为现实生产力,而且通过输送大批专业技术人才和文化创新人才,助推武汉高科技产业和创意产业的发展。

作为传统的工业强市,武汉近年来立足科教资源发展文化新业态,催生了新的文化产业迅猛发展。武汉市顺应文化创意产业是朝阳产业这一发展趋势,积极扶持文化创意产业发展,承诺各城区文化园区建设的财政投入"市区对半"承担,激发了各区建设文化园区的积极性。

仅在洪山区辖区内,就聚集了几十所大学,在校师生近 50 万人,每年毕业生人数达到 10 余万,是全国第二大科教智力密集区,也是武汉市创意人才和创意产品消费最集中的区域,为发展壮大创意产业提供了良好的基础和理想的环境。该区以此为依托,提出了建设珞狮路创意大道,聚集以出版、传媒、软件、动漫、设计、翻译、农业创意、教育培训等为主的创意产业的思路。

截至2012年年底,全市建成运营的文化创意园区共21个,园区占地总面积9.12万亩,累计投资29.3亿元,入驻企业1398家,实现经营收入25.3亿元,吸纳就业人数2.27万人。

"汉阳造"文化创意产业园区由航天科工武汉磁电有限责任公司(824厂)老厂房改造而成,重点发展新闻出版、影视传媒、动漫游戏、研发设计、软件开发、文化娱乐等产业项目。2013年,园区入驻企业达到80多家,实现增加值4亿元,同比增长100%。

"汉阳造"文化创意产业园

　　谭鑫培公园以祖籍武汉江夏的著名京剧表演艺术家谭鑫培为文化渊源,公园内包括谭鑫培祖居(博物馆)、明清仿古街、谭鑫培大剧院等项目,实现了京剧文化与文化商业的有效融合。

　　在2009年武汉市实施的新兴产业振兴计划中,动漫产业位列其中,出台了支持动漫产业发展的指导意见和实施方案。2010年,研究制定了《武汉市"十二五"动漫产业发展规划》。启动了动漫产业专项资金,扶持优秀动漫产业项目。

　　其中,中国光谷创意产业基地重点发展动漫网游等数字创意产业,吸引入驻企业100余家,多次承办中韩电子竞技国际赛事IEF数字娱乐嘉年华,获团中央挂牌"中国青少年创意实践基地"。

　　江通动画公司是武汉市的龙头动漫企业、国家文化产品出口重点扶持企业,原创动画片《福星八戒》系列在央视热播,2011年江通动画与法国达高集团合作的动画电视剧《加菲猫》、原创动画片《饼干警长》等佳作相继登陆央视。2011年"十一"黄金周期间,江通动画纪念辛亥百年的献礼动画电影《民的1911》、玛雅动画的《闯堂兔大电影》亮相国内各大院线,实现了武汉动画的全媒体运营。

《福星八戒》动画

　　"武汉设计"已经取得了举世瞩目的成就,诞生了世界最大的水利枢纽工程、世界断面最宽的海底隧道、世界跨度最大的公铁两用大桥、长江第一桥、长江第一隧、国内首座跨海大桥⋯⋯得天独厚的工程创意设计优势,需要转化为优势产业。

　　2011年,武汉举办了首届武汉设计双年展,来自长江水利、园林建筑、市政工程、铁路勘察、桥梁设计等不同的设计单位都展示了各自领域的顶尖设计作品,也相互交流了设计理念与心得,同时扩大了"武汉设计"的影响力。

下一步,武汉还将依托在武汉的设计院所和龙头企业,积极建设东湖工程设计城、沌口工程设计产业园、金银湖工程设计产业园等一批重点园区,建设汉口三阳路、汉阳月湖、王家墩CBD、武昌中南路、武汉新区五个工程设计产业片区,以服务制造业的高端工程设计为重点,促进工程设计产业提升,培育国际品牌,力争在"十二五"期末,将工程设计培育成千亿产业,打造"中国工程设计之都"。

进入 21 世纪以来,武汉文化基础设施建设得到大力推进,兴建了一批标志性建筑,成为武汉文化形象的集中展示。如武汉博物馆、光谷动漫城、武汉影城、武汉青少年宫音乐厅等。

为迎接第八届中国艺术节在汉举办,武汉市相继修建了 23 处场馆,总投资达 41.5 亿元,其中包括武汉琴台大剧院、琴台音乐厅、中南剧场、武汉美术馆等。通过市直文艺院团空间布局调整,市直各文艺院团基本实现了"一团一场、一团一景"目标。同时,历史名城保护"盘龙城商代遗址保护工程"、"武昌辛亥首义园建设工程"、"月湖文化艺术中心建设工程"等重大工程陆续开工并如期完成。

面对全球化的潮流,武汉丝毫没有懈怠,始终把提升城市文化形象、增强文化软实力摆在发展战略的重要位置,大力实施走出去战略,不断为打造国际性大都市发力。

2013 年 1 月,武汉旅游形象宣传片亮相纽约曼哈顿时报广场"中国屏",每天滚动播放,推广武汉国际旅游城市形象。2014 年 6 月 13 日,"武汉之窗"在法国巴黎中国文化中心正式开启。下一步，武汉还将把文化窗口开设到美国芝加哥、澳大利亚悉尼等地。

随着 2013 年 5 月启动的武汉国际化水平提升计划，国际航线频频增开，截至 2014 年 9 月，国际及地区航线共计 30 条。未来，还将积极申办财富论坛、世界华商大会、达沃斯论坛等峰会。

此外，还将举办 WTA 超五巡回赛、武汉国际名校赛艇挑战赛、国际渡江节等一批重大国际体育文化活动。

从 2014 年 6 月 9 日武汉市档案馆举办的《武汉市国际友好城市陈列展》了解到，武汉市自 1979 年与日本大分市结为国际友好城市以来，已经先后结交了 20 个国际友好城市、25 个国际友好交流城市，分布遍及全球各大洲，为武汉文化走向世界、世界文化进入武汉架起了交流的桥梁和平台。

从城市发展战略上看，武汉的复兴是全面的复兴，必然离不开文化的复兴与升华；从以人为本的角度上看，人类酷爱知识和美景，自然向往历史文化名城，乐意前往一个历史积淀丰厚、人文精神饱满、时代气息浓厚的城市。大武汉有大文化，我们有理由相信：拥有大文化的大武汉，终将是一个你来了以后就不想走的城市。

第二章

大江湖

江河湖海是人类文明的摇篮，水是城市赖以生存和发展的重要物质资料和战略资源。古今中外，许许多多城市，皆是因水而生、依水而兴——埃及的开罗、亚历山大，伊拉克的巴格达，印度的新德里，中国的西安、洛阳……不论是长江、黄河流域，还是印度河、恒河、尼罗河和"两河"流域，都依水兴起无数历史名城。水孕育了璀璨的江河文化和多姿多彩的人类文明。

一、有"江城"和"百湖之市"之称的武汉，水环境世界一流

武汉是世界第三大河流长江与其最大的支流汉江相交汇的地方，这两大河流呈"人"字形汇于武汉市区，将武汉分成了武昌、汉口、汉阳三部分，所以自古就有武汉三镇的说法。武汉还有一个别称——江城。也许你会问，长江全长6300多公里，流经的大城市也不少，为什么只有武汉叫江城呢？这是因为唐代大诗人李白曾写了一首流传千古的诗，"黄鹤楼中吹玉笛，江城五月落梅花"，自此武汉就有了"江城"这个别称。

因为武汉地处江汉平原，地势平坦，又有两大河流交汇于此，所以湖泊众多。汉江在历史上曾多次改道也证明了这一点，在清代中期以前，汉口这块地方有很多湖泊和小河岔，在今天的汉口，还有很多地名中含有桥字，比如说六渡桥、三眼桥等。这也从一个侧面说明了武汉"百湖之市"的由来。

古人都是逐水而居，所以长江、汉水和众多湖泊为武汉人的生产生活带来了很多的便利，因为长江和汉水的水路交通便利，在明代武汉就逐渐形成了商品交换的集市，也就是汉正街的前

身。经过发展,汉口镇成为当时的四大名镇,与河南的朱仙镇、广东的佛山镇和江西的景德镇齐名。

江汉汇流、三镇鼎立、湖泊密布、大江穿城、龟蛇相望,武昌、汉口、汉阳三镇三城,大开大合的城市格局世界少有;166 个湖泊和东西向山系镶嵌城中,云水相依,湖山相映,铺染城市底色。独特的城市格局,是武汉个性魅力之所在。面向未来,城市建设发展必须围绕这一格局,充分展现武汉大江、大湖、大城的大气灵秀之美。

如今,随着水资源已日益成为制约中国乃至世界经济社会可持续发展的瓶颈,素有"江城"和"百湖之市"之称的武汉,水资源优势尤为凸显。

> 中国作为一个水资源短缺的国家,年人均拥有水资源仅为世界平均值的四分之一,全国 660 多个城市中,有 400 多个缺水,其中 108 个为严重缺水城市。

武汉城市水环境,堪称世界一流,可以说世界上没有哪个城市的水面面积可与武汉相比。武汉曾被美国《国家地理》杂志评为全球内陆湿地资源最丰富的三座城市之一。日

松本聪

> 松本聪,现任日本东京大学终身名誉教授,世界著名土壤学家、环境保护专家,获中国政府"友谊奖"。

本环保专家松本聪曾 6 次来汉,对武汉的水环境留下深刻印象,"在全球是独一无二的"。他认为,武汉的水环境不仅是指这里的水资源和水生态,还在于武汉近千万人口与水和谐共生的水经济、水文化。

武汉怀抱"两江",166 个湖泊、272 座水库星罗棋布,165 条河流纵横交错,湖泊水域面积 779 平方公里,占全市国土面积的四分之一,居全国大城市之首。武汉人均淡水资源量也高居全国各大城市之首,是北京的 71 倍、上海的 19 倍、广州的 5 倍。

位于武汉中心城区的东湖,水域面积 33 平方公里,是中国

最大的城中湖,早在南宋时期就已受人瞩目,人们一度将其和杭州西湖作比较。南宋文人袁说友《游武昌东湖》"只说西湖在帝都,武昌新又说东湖",这也是与西湖比美之肇端,此后两湖"互争高下"不休。新中国成立后,朱德同志作了个评判:"东湖暂让西湖好,今后将比西湖强。"毛泽东同志对此却不认同。他曾对当时的中南地区军政负责人直言:"东湖比西湖好,这里有长江,夏天可以游泳。东湖的樟树、桂花树、竹子……风景真好。四周的柳树、水杉树甚多,对岸是老虎尾,远处是中山亭,那边是珞珈山,茂密的树林里是武汉大学校址。东湖真好!"(语出《东湖风景区分期建设草案纲要》)

新中国成立初,中共中央中南局选址东湖边的南山建东湖客舍(注:现东湖宾馆),接待毛泽东等党和国家领导人。毛泽东先住东湖宾馆南山甲所,后迁梅岭1号,在居所办公、开会、接见外国友人。闲时,他爱在湖边走走,听浪花拍岸,看鸥鹭翱翔;或坐在藤椅,安详地在梅树下看书,枝影横斜,数瓣红英落在草地上被拍成彩照,极见伟人风采。

二、水可兴城,水可兴业——武汉滨江滨湖现代生态城市

经历过历史和岁月的荡涤,如今,武汉的"大江大湖"已逐步构成了这座千年古城气势恢宏、极具特色的

毛泽东同志在东湖宾馆留影

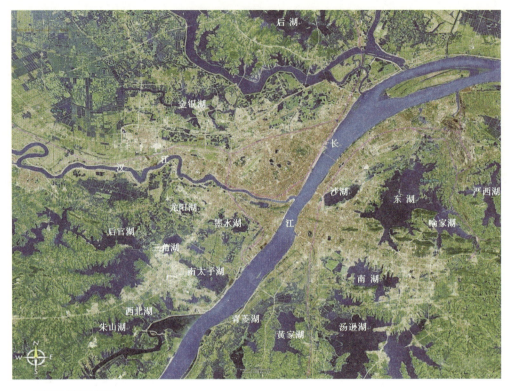

武汉市水域示意图

滨江滨湖水生态环境,也赋予了城市丰沛的生活、生产资源。

　　水可兴城,水作为城市最重要的自然资源之一,已成为当前城市经济社会可持续发展的重要支撑。利用水资源,优化水环境,保护水生态,建设水景观,彰显水文化,打造滨江滨湖特色,建设现代生态城市,这一发展思路,国内外许多城市已纷纷采用并从中受益。

　　美国的圣安东尼奥市合理利用和经营管理圣安东尼奥河,河边植满奇花异卉、热带灌木,并以小广场、阶梯、平台、绿化带来美化河岸,沿河两岸商铺林立,遍布旅馆、餐厅、工艺品店等,被评为全球最受欢迎的旅游城市之一。我国上海、深圳、杭州、宁波等城市,也都在滨水城市建设方面创出了自己的风格和特色。

进入 21 世纪以来,武汉在滨水城市建设方面取得了长足进展,第一个亮点就是对两江江滩进行了防洪及环境综合整治。21 世纪之初,投资数十亿元的"两江四岸"环境综合整治工程,建成总长 29 公里、总面积 260 万平方米的汉口、武昌、汉阳、青山和汉江江滩,昔日乱草丛生的江畔,成为集滨江特色带、游憩林荫带、堤防观景带为一体的多功能亲水空间。未来 5 年,武汉江滩还将延长 50 公里。届时,80 里江滩画廊、20 余个公园、880 公里绿道……滨江滨湖的武汉,有望让市民"500 米见绿、1000 米见园、2000 米见水","百里滨江画廊"将成为亚洲之最,并有望申报世界吉尼斯纪录。

水可兴城,亦可兴业,开发和利用好水资源,不仅有利于改

东湖一角

善城市生活生产环境，更是巨大的生产力。武汉市近年来对水资源的合理开发和利用，就有力拉动了旅游、交通、商贸物流、文化等产业的发展。

为打造闻名全国的湿地之城，武汉市从 2007 年起陆续启动汉口金银湖水网"七湖连通"、汉阳"六湖连通"、武昌"大东湖"生态水网构建、沌口"二十湖连通"等水生态修复主体工程，努力实现江湖相济，湖网相连。实行最严格的水资源保护，建设水景观，实现中心城区 40 个湖泊"一湖一景"。加强梁子湖、沉湖、涨渡湖、木兰湖的生态保护。这些举措不仅改善了城市生态环境，完善了武汉城市功能，提升了城市形象和地位，还正改变着武汉的文化、旅游、商业格局。

2013 年，时任长沙市市长张剑飞来武汉考察时，对武汉的江湖连通产生了浓厚兴趣。在楚河汉街，驻足东湖、沙湖连通渠畔，他凝神观看。"这是天然的连接渠吗？"他问。

一位武汉市民回答："这是人工挖出的一条河，几年前这里还是一片老旧宿舍区和城中村。"张剑飞露出惊讶的神情。他说，没想到武汉生态环境治理气魄这么大，江湖连通是大手笔。长沙与武汉同样湖泊众多，可以共享经验。

武汉大东湖生态水网构建工程启动项目暨武汉中央文化区一期工程，俗称东沙湖连通工程，是一个水网修复工程，也是一个市政桥隧路工程和商业文化旅游工程。据规划，六湖连通后将形成 436 平方公里的"大东湖水系"，并与长江连通，通过清淤截污、引江济湖、水网连通、生态修复，成为中国规模最大的城市湖泊生态湿地群、国际知名水生态环境科研基地；还可形成新的旅游景观和游船观光线路，届时，"一船游遍一城"将成为武汉新景，在国内当属首例。

楚河汉街

連通东湖、沙湖的楚河，可促进两湖水体流动，形成动态水网，从而提升大东湖生态水环境综合处理功能。

水是城市的眼睛。悉尼歌剧院、香港维多利亚港湾……世界上许多城市的"城市名片"都是依水而建。慕"水"之名而来的万达集团，选址东沙湖连通之处、楚河之畔，投资500亿元，倾力打造"武汉中央文化区"，将其定位为"世界级文化旅游项目，中国第一、世界一流，业内朝拜之地"。"这种项目独一无二、无法复制，不但空前，而且可能绝后"，这是"梦想中的、有超越性和创新性的项目"。

该区域优越的水环境、独具一格的设计和完善的配套设施，吸引了众多游客和商家前来，极大地丰富和提升了区域的商业价值。2011年9月30日，中央文化区一期的"楚河汉街"正式开业，国庆期间即吸引客流逾200万人，成为全国假期人流排名前三的热点区域。126个国内外知名品牌相继进驻——耐克在此开出全球第三家概念店，星巴克以亚太旗舰店的规格亮相，迪士

楚河汉街夜景

尼全线产品将引入汉街，文化界的重要品牌大芬美术馆也在此
开馆……

东沙湖连通工程竣工和楚河汉街的开业，极大地改善了区
域生态环境和城市面貌，完善了城市功能，赢得一片"叫好"。就
连当初该区域拆迁时的一位"钉子户"，也致信给武汉市委领导，
表达了自己对这一工程"从不理解到深深叹服"的真切感受："当
初，我们都认为在这么短的时间内，在一座老城区挖一条河、修
一条街是不可能的事。后来，经政府反复做工作，我们得到了比
较满意的补偿款。我们住在离工地不远的地方，无论寒冬酷暑，
无论雨雪交加，每天都可以看到建设单位 24 小时'连轴转'地施
工。一年多的时间过去了，一条宽敞的河、一条崭新的街，出现

在了人们的面前,连我们都不敢相信,这就是您带领武汉人创造的奇迹。"

武汉市还以水为媒,大力发展绿色低碳运输,振兴长江航运。2010年,武汉市被国务院正式明确为长江中游航运中心。临江规划的武汉长江航运中心大厦,总投资37亿元,建成后将成为长江中游最现代化、国际化、服务功能最完备的港务枢纽综合体,为国内外港航企业提供口岸服务、公共信息、港航政务、航运交易、金融商务及港航企业总部入驻等多功能服务,将提升和完善长江中游港口航运综合服务功能,成为推动中部崛起和长江航运复兴的新引擎。

同时,武汉市更利用港口岸线资源优势,发展港口物流,带动了加工、制造等临港产业发展。"十二五"期间,武汉将围绕港口建设、临港产业发展,规划了港航基础设施、集疏运网络、产业发展项目153个,总投资2209亿元。依托完备的港口设施和强大的长江航运能力,武汉市新洲区还将兴建一座国家级煤炭交易储备基地,承担战略储备和调剂功能,该基地建成后,将有望大幅缓解武汉市乃至华中地区电煤紧张局面,缓解工业发展与能源短缺之间的矛盾。

武汉还依托大江大湖的资源禀赋,着力塑造"大江大湖大武汉"的城市形象,发展滨江滨湖特色旅游业。选址东湖国家生态风景区北岸的武汉华侨城,是以欢乐谷公园集群为核心的大型旅游综合开发项目,定位为世界级湖区文化旅游目的地,已于2012年4月29日正式开业,开业首日即迎来2.8万游客。

数据显示,2012年6月,境外和国内游客在汉平均停留天数,由2005年的2天和2.2天分别延长至2.58天和3.85天,武汉已从多年的旅游过境城市，一跃成为中国重要的滨江滨湖特色旅游目的地。

实际上，综观国际滨水名城，如伦敦与泰晤士河、巴黎与塞纳河、纽约与哈德逊河、维也纳与多瑙河、上海与黄浦江等等，这些城市都对滨水区进行了多功能综合性开发，产生了很好的综合效益，促进了第二、三产业的发展。英国的泰晤士河两岸，打造出了伦敦眼、千禧桥、新千年广场等著名景观，并改造了沿岸的老工业区和旧城区，使滨河空间成为了开放式的世界著名旅游景区。未来，武汉也将继续做足"水文章"，加快建设成为人水和谐的"东方水都"。

三、166 个湖泊，一个都不能少

水资源是城市最大的特色和优势，保护水环境是"美丽武汉"建设的重中之重。习近平总书记在汉视察期间，充分肯定了武汉提出的"十个不能"，指出"这是武汉经验和教训最好的总结"。"绿水青山是最好的金山银山，绝不能以牺牲环境为代价换取一时的经济增长、绝不能以牺牲后代人的幸福为代价换取当代人的所谓'富足'"，总书记强调。

武汉市委领导表示，2013 年给 166 个湖每个编上号，建立"身份证"，并制成一张图，请全体市民监督。并通过定桩、修建环湖路等方式，固定岸线，"绝不能让一个湖消亡"。截至 2013 年 12 月，武汉市中心城区 40 个湖泊栽设了 2000 余个湖泊蓝线界桩和 15 个湖泊分界牌，湖泊蓝线界桩栽设后，将作为锁定湖岸线的手段之一。2014 年，武汉市湖泊管理局还将尽快划定新城区 126 个湖泊的蓝线。

武汉市委领导说："武汉山水资源丰富，自然禀赋优越，又是国家'两型'社会建设综合配套改革试验区，有条件、有责任在生态文明建设方面走在全国前列。"

武汉市主要河流 11 条，监测湖泊 70 个，按国家、省级"创模"要求，水质达标率必须达到 100%。2010 年全市环境质量保持稳定，中心城区集中式饮用水源地水质达标率达到 100%；辖区主要断面水质较上年度保持稳定，长江、汉江满足水环境功能区划要求。2011 年，开展饮用水源地环境保护专项整治行动，加大对以长江、汉江、滠水、举水为水源地的 19 个自来水厂周边环境综合整治力度。

但 2012 年，武汉市有 3 条河流水质不达标，70 个湖泊中有 37 个不达标。武汉市环保局直言，从国外经验来看，修复水质动辄长达几十年，这与三到五年的"创模"期限差距太大，"亟须在科技、财政上有较大投入，政府更需下大力气整治"。

据分析，城市污水收集管网不完善，是造成水环境污染的主因。对此，武汉市已拿出"五年行动计划"，计划到 2016 年改、扩、建污水处理厂 9 座，新建污水管网 1031.5 公里，形成主城区完整的污水收集骨干管网体系，实现主城区污水全收集，基本解决主城区长江、汉江水源地及湖泊的市政排污问题。

解决"增量"污染的同时，武汉市从 2012 年起拟投入 406.87 亿元打造"碧水工程"。其中投入 140 亿元实施水质达标工程，对 19 个污劣五类的湖泊重点治理，消除黑臭现象。"碧水工程"构建武昌、汉口、汉阳 3 片水网，推进实施"大东湖"生态水网、汉阳"六湖连通"、金银湖水网、沌口"二十湖连通"水生态修复工程；综合整治东湖、南湖等中心城区湖泊，控制污染、水网连通、修复生态，实现湖泊水质的整体提升。

　　"碧水工程"实施两年以来，武汉市湖泊水质有所好转，水质由五类上升为四类，不少垂钓者就算冒着高温，也愿意去湖边钓鱼。日本环保专家松本聪称，"希望经过 5 年到 10 年治理，武汉能以水环境为主题申报世界文化遗产，像'水城'威尼斯一样"。

第三章

大都市圈

随着城市的不断扩张，国内外不少城市的土地、淡水等战略性资源减少，环境承载力下降，城市发展面临严重的资源环境瓶颈。而坐拥土地、淡水等丰富战略资源的武汉，得益于强大的资源环境承载能力，城市发展空间巨大。同时，随着武汉开始实施建设国家中心城市和国际化大都市的重大战略机遇，武汉在国家发展大局中的地位不断提升，武汉的大发展正当其时。

从土地资源承载力来看,武汉市国土面积8494平方公里,与五大国家中心城市相比,仅次于北京、天津,超过上海、广州、重庆(不包含偏远县),是香港的8倍,新加坡的13倍;建成区面积不足全市总面积的四分之一;人口密度与5大国家中心城市相比,仅略高于天津,人口对土地、生态环境等的压力较小,尚有很大的发展潜力。

从城市水资源承载力来看,武汉市拥有其他城市无法比拟的丰沛水资源。武汉市淡水资源人均占有量位居全国一线城市

武汉两江三镇

第一,远超五大中心城市,承载经济社会发展的潜力巨大。

城市因人而生、因人而兴,人口的聚集关系到城市的兴衰。纵观中外城市,都是在人口聚集中走向繁荣,在人口凋敝中走向衰败。人们公认的世界城市,大东京聚集了 3600 多万人,占日本人口的 30%,大巴黎、大伦敦、大纽约地区分别聚集了 1100 万人、1500 万人、1900 万人,分别占本国人口的 17%、25%、6%。

截至 2013 年年底,武汉市常住人口为 1022 万人,比 2012 年增加 10 万人。其中,劳动年龄人口高达 660 多万,占总人口的比例达 78%。其中,21 岁至 40 岁的青壮年人口 350 多万。

表 1 武汉与五大国家中心城市部分指标对比(2012 年)

城市	总面积 （平方公里）	总人口 （万人）	人口密度 （人/平方公里）	人均水资源占有量 （立方米）
武汉	8494.00	1022.00	1179.66	7157
北京	16410.54	2018.60	1230.06	100
天津	11917.30	1354.58	1136.65	370
上海	6340.50	2347.46	3702.33	145
广州	7434.40	1270.08	1708.38	1375
重庆	4403(城区)	542(城区)	1230.98	1802

一、"1+6" 新城构想——独立成市

田野中大片大片的紫,空气中一缕一缕的香……欧洲,诸多小城毗邻大都市,享誉世界。2011 年,根据国务院批复的武汉市新一轮城市总体规划和土地利用总体规划,市委、市政府为防止

"工业倍增"计划

"工业倍增"计划的主要目标：2015年，工业规模总量力争突破16000亿元，工业增加值力争达到4500亿元，在2010年的基础上实现倍增；"十二五"时期全市工业总投资累计达到8000亿元，力争突破1万亿元；到2015年，六大支柱产业产值均突破千亿元，产值过100亿元工业企业户数增加到20户以上，规模以上工业企业户数较"十一五"时期末增加一倍。2012年起全面提速"工业倍增"计划，将原定5年实现工业总产值翻番的目标缩到3年至4年内完成。

城市"摊大饼"式无序发展，作出了推进"1+6"城市格局等一系列重大决策。

2012年，武汉政府工作报告中又提出，要按"独立成市"理念建设6个新城区(江夏、东西湖、黄陂、蔡甸、汉南和新洲)，各打造一座中等规模、功能完善、特色鲜明的现代化新城。大武汉，意在"国际汉"周边打造6座功能完善、产业实力强、中等规模的现代化新城。

长期以来，武汉的工业布局聚集在主城区，新城区主打农业。自2011以来，武汉开始实施"工业倍增"计划，6个新城区板块新型工业化发展步伐明显加快，开始改写武汉市的工业版图，新城区逐步转变成为武汉工业"主战场"。

在刚刚过去的2013年，武汉6个新城区GDP增速均高于中心城区，东西湖区、新洲区、黄陂区、江夏区预计全年GDP接近400亿元，其中东西湖区预计可达388亿元；新城区固定资产投资增幅普遍超过30%，比中心城区20%左右的固定资产投资增幅要高。

未来6个新城区将按照独立成市的标准建设，武汉市规划局相关负责人透露，新城"独立成市"规模在50~100平方公里，人口为20万以上，并配备了六要素。其中包括，工业园区规模在20平方公里以上；中心区规模为4平方公里左右；至少建设一条轨道线，2处对外交通枢纽、2条快速路、2条主干道与中心城区联系,新城范围内实现公交全覆盖;高标准建设配套基础设施,尤其是污水处理厂、环卫垃圾处理、消防、给水等重大基础设施;并确保人均公园绿地不少于 12 平方米。

新城和主城区规划建成"多快多轨"的交通格局,6 个新城到中心城区将只需半小时。至少保证"一快一轨"的道路建设,保障主城区到任何一个新城半个小时内可到达,如地铁 29 号线、1 号线、4 号线等均能延伸至新城。

畅通一环、建成二环、完善三环、建设四环,加快快速路和主、次干路建设,完善微循环路网。使武汉这样一个"两江交汇,三镇鼎立"的城市,形成了中心城区与外围 8 条快速出城通道的有效对接,市民出行的快捷度大为提升。

"在新城居住,乘坐半个小时地铁,往返于中心城市的工作地点;或者居住在新城,在较低的房价、更优的生态环境中,享受与中心城区一致的医疗、教育服务。"这将是武汉人未来生活的场景之一。

二、"1+8"城市圈,步入"同城时代"

武汉"1+8"城市圈是以武汉为圆心,包括黄石、鄂州、黄冈、孝感、咸宁、仙桃、天门、潜江周边 8 个城市所组成的城市圈。面积不到全省三分之一的武汉城市圈,集中了湖北省一半的人口、六成以上的GDP总量,不仅是

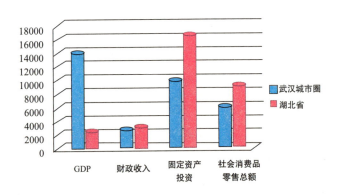

武汉城市圈 2012 年主要经济指标在湖北省占比

湖北经济发展的核心区域,也是中部崛起的重要战略支点。城市圈的建设,涉及工业、交通、教育、金融、旅游等诸多领域。2007年12月,国务院正式批准武汉城市圈为"全国资源节约型和环境友好型社会建设综合配套改革试验区",正式上升为国家战略。

"武汉城市圈"综改方案获国务院正式批复

武汉城市圈由"1+8"9座城市组成,是指以武汉市为中心的100公里半径内,整合8个中小城市,形成湖北乃至长江中游密集城市群的。

圈内城市密集度较高,经济基础较好,环境及自然条件优越,是湖北省乃至长江中游经济实力最强的核心区域。2012年,武汉城市圈以占全省31.2%的土地和52.5%的人口,贡献了全省超过62%的GDP和84%的财政收入,吸纳了近60%的投资,实现了63.7%的社会消费品零售总额。

"城市圈"是由"交通圈"发展演变而来。然而,武汉城市圈不像长三角城市圈,条条道路通上海、通南京、通杭州,武汉城市圈9座城市之间存在一些短线"断头路",交通对于武汉城市圈发展至关重要。

湖北省社科院学术顾问、武汉城市圈研究会会长陈文科说,武汉中心城区距鄂州50公里、黄石70公里,三市辖区犬牙交错,要素互通有无,产业结构相近,企业连成一片,已形成连接三市的钢铁、建材、服装产业走廊。城际高速通车,将促进武汉东湖高新技术开发区、80 万吨乙烯化工新城、葛店开发区、鄂州经济开发区、鄂州主城区、花湖开发区及黄石主城区的协同发展，使三座城市"同城化"、沿线开发区"同区化"，实现所谓"在黄石、鄂州投资等于在武汉投资"一说。

2012 年年底，汉鄂高速公路通车，武汉至鄂州的车程仅需半小时，较原来经武黄高速公路节省一半时间。至此，汉孝、汉洪、汉蔡、武麻、武英、青郑、和左 7 条武汉高速出口路以及互通的城市圈高速公路已全部通车，武汉"1+8"城市圈 1 小时交通网格局正式形成。

武汉城市圈急需建立纵横交错的交通网，通过交通圈发展促进经济圈发展，再由经济圈发展促进城市圈发展。因此，2009 年国家批复武汉城市圈城际轨道交通网规划，建设武汉至咸宁、黄冈、孝感、黄石 4 条城际铁路，推进武汉城市圈交通基础设施和产业布局一体化。截至 2013 年年底，武汉城市圈城际铁路建设已逐步进入尾声。2013 年 12 月 28 日，武咸线正式开通运营，武黄、武冈城铁于 2014 年 6 月 18 日通车，汉孝线预计 2015 年建成开通。

2013 年 12 月 28 日，湖北首条城际铁路武咸线开通，武汉在一天之内迈入城铁、地铁、高铁共驰骋的"三铁交会"新时代。"武汉迈出的这一步，使得它与北京、上海、广州站在了同一个平台上。"省交通厅负责人说。

武汉到咸宁最快仅 28 分钟，步入同城时代。沿线的贺胜桥镇是武汉城市圈首个城镇化试点项目——一个 30 万人规模的宜居社区正在建设中。依托城际铁路，该镇通过土地综合开发，实现站城一体、站为城用，打造新型城镇化示范镇。碧桂园梓山湖项目选址于此，其置业顾问钱瑰丽表示，前来购房和咨询的武

武咸线城际铁路

汉人占八成。

　　武(汉)黄(石)城际铁路2014年开通以后,黄石到武汉的距离缩短至26分钟。城铁开通带来的不仅是人们出行的方便,更给未来沿线经济带来巨大机遇,在重大项目的背后必然会催生工业、房地产、商业、公共服务等各方面资源的发展。"同城效应"最主要的优势在于加强相连城市间的一体化合作,区域经济协作发展日趋紧密。

三、长江中游城市群核心城市

　　从国家的战略来看,20世纪80年代,中国经济增长靠珠三角来支撑,90年代后是靠珠三角、长三角来支撑。今后要支撑中国经济稳定增长，必须要在中西部及东北地区创造一批新的增长极，而长江中游城市群是最有潜力的地区之一。

长江横贯中国大陆东中西部，沿长江是一条重要的经济轴线，正成为中国区域发展新的战略重心。长江中游城市群正处在这条轴线之上。据了解，有关部门已着手制订《依托长江建设中国经济新支撑带指导意见》，长江经济带开放开发正在成为我国区域发展新的战略重心。

长江湖北段占干流长度三分之一以上。近年来，湖北已与湘赣皖合作探索建立多层次的区域合作协调机制，积极建设长江中游城市集群，努力打造长江经济带的"铁肩"。2012年2月，湘赣鄂三省顺势而为，提出合力构建长江中游城市群；2012年12月，安徽省加入，使长江中游城市群发展空间更大、能量更多、辐射更广。

　　如今,作为长江中游城市群的核心城市之一,武汉城市圈正携手湖南长株潭城市群、江西环鄱阳湖城市群、安徽江淮城市群共四大城市群,以长江中游交通走廊为主轴,致力于打造中国经济增长"第四极"。武汉的发展腹地,正逐步延伸至整个长江中游城市群和长江中游地域范围内,而这一带正是国家确定的重点开发区域。

　　长江中游城市群四省会城市首届会商会 2013 年 2 月在汉召开。长沙、合肥、南昌、武汉四市市委书记、市长和相关部门负责人聚首江城,讨论长江中游城市群发展,会上四市市长共同签署了《长江中游城市群暨长沙、合肥、南昌、武汉战略合作协议》("武汉共识"),四市的 11 个部门也分别签署合作协议,促进四城市经济、科技、文化、教育等各方面的大融合。

长江中游城市群达成"武汉共识"

　　同时,随着国家区域经济发展的梯度递进,重大国家战略接踵而至,武汉在国家发展大局中的地位不断提升。2013 年 8 月,习近平总书记在汉视察期间,对武汉建设国家中心城市、复兴大武汉给予充分肯定,至少三次提及并肯定"复兴大武汉",并明确表示,湖北要成为促进中部地区崛起的重要战略支点。

湖北省委书记李鸿忠同志则表示:"'建成支点、走在前列'是党中央对湖北发展的新定位、新要求,明确了湖北在中国经济升级版中的战略定位和全局使命。这个支点从区域来讲指全省,从点上来讲就是武汉。"

2007 年 12 月,武汉城市圈获国务院批复,成为全国资源节约型和环境友好型社会建设综合配套改革试验区;2009 年 12 月,国务院又批复武汉东湖高新区建设国家自主创新示范区,武汉成为继北京之后全国第二个拥有国家级自主创新示范区的城市。三大国家战略汇聚武汉,武汉在国家战略体系中被寄予越来越多的期望,这座"大都市"正以更加开放的姿态,迎接大机遇、应对新挑战。

四、2049,构建国家战略中枢,冲击世界城市体系顶端

武汉正在制订 2049 年远景发展规划,全面加快建设国家中心城市,"复兴大武汉"的梦想不再遥远。2013 年 11 月底召开"武汉 2049"专题研讨会,武汉的政府官员与国内外研究机构、专家学者、文化名人、市民代表围绕"武汉 2049 远景发展战略"的主题,进行了系统深入的研究探讨,是一场未来与现实的对话,也是一场机遇与挑战的对话,更是一场发展与责任的对话。

武汉广泛征集全球智囊,率先制订 2049 奇迹规划,将城市

武汉 2049 城市规划科幻图

未来的发展定位于构建国家战略中枢,冲击世界城市体系顶端。按照《武汉 2049 年远景发展战略规划》,2049 年,武汉将成为战略中枢的国家中心城市,构建国家创新中心、国家先进制造中心和国家物流中心;空港、河港等对外功能平台形成面向国际市场、辐射全国的对外门户;铁公空水路交通联动发展,成为面向全国的综合交通枢纽;一批国家战略性产业崛起,武汉成为掌握"国之重器"的国家战略性产业基地。

2049 年,武汉将实行最严格的生态控制,建设用地规模控制在市域总面积的 20% 左右,即 1698 平方公里;市民在主城区骑车 15 分钟,就可看见美丽的湖泊,绝大部分居民步行 10 分钟,就可到达公园或娱乐场地;低碳、智能将成为生活主旋律,可再生能源占比达到 45% 以上;看话剧、电影将更加便宜,更多的市民可以参与、消费文化活动;步行 5 分钟可到达公交站点,步行 10 分钟到达轨道交通车站。

第四章

大交通

武汉扼南北之枢纽，居东西之要津，自古便可西入巴蜀，东达吴越，北上豫陕，南抵湘桂，被称为"九省通衢"之地。1906年，张之洞在武汉修建的（北）京汉（口）铁路建成通车后，置身中国水陆两大交通动脉交叉点上的武汉，其舟楫之利、列车之便，自此相得益彰。

20世纪初的大武汉享有"东方芝加哥"的美誉，"驾乎津门，直逼沪上"，成为当时唯一可与沿海几大通商口岸匹敌的内地口岸。是绝无仅有的与大上海共享荣耀的大都市，俨然代表着中国城市发展的方向与希望。

天元之位、九省通衢，是武汉城市区位之魂。武汉得中独厚，是中国经济地理中心、重要的综合交通枢纽，承东启西、接南转北，通江达海、辐射八方。以武汉为中心，以1000公里为半径画圆，可覆盖全国10亿人口和90%的经济总量。优越的城市区位，是武汉发展之基。

　　近年来,随着国家铁路、水运、航空、高速公路网络的形成,武汉的交通"中枢"地位更加突出,区域辐射作用不断增强,产业带动、聚集能力进一步提升,已成为支撑中部、服务全国的综合交通枢纽,正由"九省通衢"向"九州通衢"跨越。

　　2009年,武汉被国家发改委批准为全国首个综合交通枢纽研究试点城市;2010年,国务院正式批复同意《武汉市城市总体规划(2010—2020年)》,明确将武汉定性为:我国中部地区的中心城市,全国重要的综合交通枢纽;2011年,时任交通运输部部长李盛霖进一步提出,要把武汉建成"祖国的立交桥",建成承接东西、连通南北的中部交通运输枢纽,让全国的航空、铁路、公路、水路在这里"立交";2012年,湖北省委、省政府从全局的高度,对武汉提出了更高的发展要求,明确提出武汉建设国家中心城市。

　　站在复兴大武汉的起点,武汉全力加快建设全国性铁路路网中心、全国高速公路网重要枢纽和长江中

京汉铁路,原称卢汉铁路,是甲午中日战争后,清政府准备自己修筑的第一条铁路。

游航运中心、全国第四大门户机场建设,健全铁、水、公、空一体化的综合交通体系,全面提升对外交通聚集辐射能力,距离全国性综合交通枢纽的大交通,已然指日可待,触手可及。

一、中国铁路网的中枢

从铁路来看,位于中国铁路"十"字形中心点的武汉,已成为全国的客运、货运枢纽;随着合武、武广、京广、沪汉蓉高速铁路的建设和相继投入运行,高速铁路枢纽站——武汉火车站建成使用,武广高铁开通,大武汉率先步入"高铁时代"。

武汉北编组站

2009 年 5 月 18 日,"亚洲第一"的武汉北编组站建成启用,武汉跻身全国四大铁路枢纽(北京、上海、广州、武汉)和六大客运中心之一(其他五个为北京、上海、广州、成都、西安),日渐成为全国的客运、货运和高铁枢纽。

自 2008 年以来,合武客专、昌九客专、郑西高铁、石太高铁、

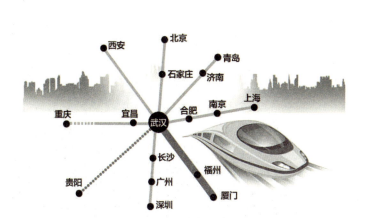

"米"字形铁路网络示意图

京广高铁全线贯通，武汉"十字快铁"构架基本建成。

随着沪汉蓉铁路渝利段 2013 年 12 月 28 日正式开通，中国铁路干线之一的沪汉蓉客运专线全线贯通，武汉 8 小时左右到重庆，比以前缩短了 7 小时，4 小时到桂林，比以前提前 9 小时。武汉高铁线路构架从"十字"向"米字"扩展，覆盖 16 个省、直辖市，乘坐高铁可抵达大半个中国。

武汉与全国主要大城市之间实现高速铁路直接相连，成为全国高铁客运专线网的主要枢纽城市。从新的铁路运行图可以看到：以武汉为中心，构成了北到北京，南到广（州）深（圳）、桂林，东到上海、杭州的 3~4 小时交通圈，西到西安的 4~5 小时交通圈，至长沙、南昌、合肥等中部省会城市 2 小时的快速客运交通圈。乘坐动车，8 小时左右可到达宁波、青岛、福州、厦门、重庆等城市。2013 年 9 月 16 日，武汉至福州、厦门动车开通，至此，武汉地区 8 小时生活圈形成。

网络上"武汉成最热门回家目的地"的微博被网友们纷纷转发，武汉便利的交通也成了网友们热议的话题。不少网友认为，武汉九省通衢，交通便利，在武汉中转很方便。同时，也有不少网友表示，2013 年年底武汉地铁 4 号线开通，串起五大商圈、三大火车站，让不少乘客选择在武汉中转，乘客回家可以在三大火车站精准换乘。赶车时间充足，回武汉还能顺便进行武汉半日

武汉高铁站

游或一日游。

　　武汉已有三大火车站,未来拟再建新汉阳和流芳两大火车站。届时,武汉将形成汉口火车站、武昌火车站、武汉火车站、新汉阳火车站、流芳火车站五大综合交通枢纽。在这五大交通枢纽、天河机场、江夏机场以及公路客运站之间,将通过快速路、轨道交通来加强衔接,提高综合交通枢纽的辐射能力。

　　客运方面,武汉铁路局每年发送的旅客数量超过6000万人次,已经当之无愧成为连贯东西、通达南北的客运中心。随着以京广客运专线、沪汉蓉快速客运通道,以及武九客运专线等为主干的"纵横交错"高铁网的形成,武汉得中独厚的枢纽中心地位更加凸显。

货运方面,随着高铁和客运专线的建成,武汉铁路网将全面实现客货分线运输,以既有的京广线、武九线和武康线为基础,衔接北京、西安、重庆(成都)、广州、南昌(福州)、上海等铁路枢纽,实现武汉城市圈内 1 小时、500 公里 6 小时、1200 公里 24 小时通达的快速货运服务。

二、两江交汇,通江达海

从水运来看,地处长江、汉江交汇之处的武汉,具有通江达海的独特优势。早在 2005 年,湖北省就提出了建设武汉长江中游航运中心的战略构想。2011 年 1 月,国务院将长江中游航运中心建设上升为国家战略,长江航运发展迎来新机遇。2012 年 1 月,武汉市政府提出,力争 5 年基本建成长江中游航运中心。

2013 年 7 月,习近平总书记前往阳逻港区视察并作出重要指示,长江流域要加强合作,发挥内河航运作用,把全流域打造成黄金水道。长江中游航运中心建设上升为国家发展战略,极大地促进了武汉水运快速发展。早在 2012 年,从武汉阳逻港到上海洋山港的"江海直达"航班已达 208 个,基本实现点对点直航、72 小时内到达。

2013 年 7 月,习近平总书记视察武汉新港

近年来,武汉市不断加大对武汉港的投资力度,武汉港口的硬件设施有了质的飞跃,新建了大型船只泊位(5000 吨级)以及现代化的吊机,方便了武汉大小企业的运输服务。2011 年,湖北省投资百亿元启动武汉新港建设,以武汉港为

武汉港

中心,实行统一领导、规划、建设、管理,由原武汉港和鄂州、黄冈等区域内的 27 个港区组成港口集群,规划岸线 627 公里,最大靠泊能力 7000 吨,集装箱吞吐能力达 150 万标箱。这种"跨行政区划整合资源,沿江城市合力建设"的港口模式,在全国独一无二。

武汉新港由武汉、鄂州、黄冈、咸宁四市港口岸线统一规划建设而成,已成为长江中游首个"亿吨大港、千万标箱"。继 2010 年货物吞吐量突破亿吨后,武汉新港 2013 年完成货物吞吐量 1.32 亿吨,市域集装箱吞吐量达 85.28 万标箱。规划于 2015 年,武汉新港货物吞吐能力突破 2 亿吨,集装箱吞吐能力达到 260 万标箱,成为中部地区的"水上门户"。

在此基础上，武汉港通航范围不断拓展、通达效率日渐提高，成为中部地区走向海外的重要门户，先后开通了直达日本、韩国、东南亚各国及中国港澳地区的不定期货运航线和直达中国台湾、印度马德拉斯等地的货运航线；还开通了中远直达快航，湖北货物接转欧洲干线班轮时间较以往缩短一周。2006 年开通的"江海直达"航线，经过多年发展已成为武汉航运的生命线。2012 年开通的 334 个"江海直达"航班，有 330 个班次达到点对点直航、72 小时内到达的标准，占总班次的 98.8%。

江海直达　是指货轮从武汉运至上海洋山港，高效接驳远洋国际班轮。上海洋山港是我国内河货物的出海港，与开往欧美的远洋货轮无缝对接。武汉开通江海直达班轮，可使武汉新港成为中西部国际港。

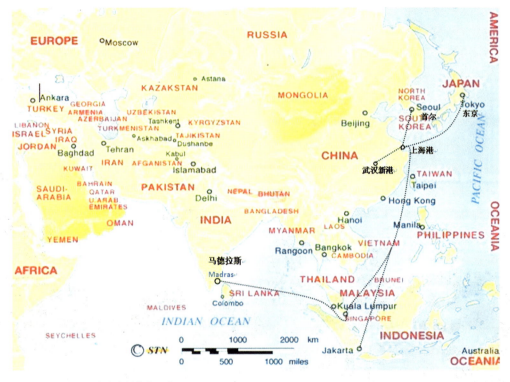

武汉航运"江海直达"航线示意图

2013年3月,武汉至洋山"江海直达"天天五定班(定班期、定运时、定船舶等"五定"标准)开通。自此,"江海直达"航线按照"点对点直航、72小时内到达"的要求,每周6班。

与此同时,武汉新港还将大力发展近洋航线和铁水联运,力争2014年港口集装箱吞吐量实现百万标箱。其中近洋航线,泸州—武汉—台湾于2013年年底开通。该条航线开通后,将成为武汉首条定期出海的货运航线。以往中西部货源至少要经过武汉、上海两次中转,半个月才能到台湾;近洋航班开通后,从武汉出发,7天就可以到台湾的台中或高雄。到"十二五"中期,武汉有望在3000公里的范围与东京、大阪、首尔、新加坡、雅加达等国际港口实现万吨轮常年直达,将实现孙中山先生所言的"沟通大洋计划之顶水点"的目标。

三、公路网络承东启西、接南纳北

从公路来看,武汉有着四通八达的高速公路网络、国省道网络、城市圈快速通道。京港澳、沪蓉、沪渝、杭兰、福银等高速公路骨架网络"承东启西、接南纳北";316、318、106、107 国道以及 16 条省道在武汉交会成环,武汉城市圈内快速通道逐渐成型。

2010 年年底,武汉市高速公路总里程达 1696 公里,占全省的 50.5%。在湖北省"四纵四横一环"的高速公路骨架网中,大部分道路从武汉始发。武汉到"1+8"城市圈内其他城市均可在 1 个多小时内到达,到全省其他市、州最多只需 6 小时,而进入湖南、安徽、江西、河南周边邻省最快仅需 4 个小时。

2012 年年底,武汉已建成"环形+放射"主骨架,货通全国。有着四通八达的高速公路网络,京港澳、沪蓉等国家高速公路在汉交会成环,107、316、318 等国道通过武汉。武汉公路通车总里程达到 1.3 万公里,公路密度达到 149.5 公里/百平方公里,在全国 15 个副省级省会城市中居第二位。

截至 2013 年,武汉"四环十八射"高速快速路网已全部建成或启动建设。未来几年,武汉市将加快公路主枢纽和骨架路网建设,形成公路主枢纽、交通物流中心和高速骨架路网,全市公路网总里程将突破 13000 公里,预计 2015 年,公路网密度达到每百平方公里 160 公里以上,高速公路网密度达到每百平方公里 8 公里以上。

四、航空助力武汉成为国际先进要素汇聚之地

从航空来看，在武汉综合交通枢纽中，航空一度较为滞后。而如今，随着天河机场成功"扩容"、第三航站楼动工开建、国内外各大航空公司纷纷进驻、国际航线密集开通，武汉正逐步成为中国内陆直通欧洲的"中转港口"和国际先进要素的汇聚之地。

"十一五"期间，天河机场累计完成旅客吞吐量4658万人次，年均增长29%，连续跨越500万、800万、1000万人次三个台阶，在全国机场中的排名由第17位上升至第12位；累计完成货邮吞吐量46.7万吨，年均增长18%；保障飞行架次48.6万架次，年均增长27%。

天河机场2013年旅客吞吐量突破1500万人次大关，达1570.6万人次，国际通航点达25个。在汉运营的航空公司共35家，通航城市90个，天河机场日均起降飞机440架次左右。

武汉天河机场第三航站楼于2012年动工开建，2015年建成后，武汉有望成为继北京、上海、广州之后的全国第四大

武汉天河机场

航空枢纽,成为辐射全国、面向国际的大型航空枢纽和航空物流中心。

2012 年 4 月 8 日,东方航空集团与武汉市政府签署战略合作协议,双方共同对东航武汉公司增资 17.5 亿元,致力于将其打造成武汉的主力基地航空公司,以全面加快中部航空枢纽的建设。目前除东航外,中国国际航空公司、南方航空公司等也在武汉设立了基地,另有 20 多家国内外航空公司也进驻武汉。

各大航空公司的集中入驻,极大地促进了新航线的开辟和已有航线的提档升级。2013 年,天河机场国际及地区业务继续高速增长,全年突破 100 万人次,达 102 万人次,同比增速达 59%,国际及地区旅客吞吐量位居中部第一、内陆口岸城市第三。然而,在 2011 年,这个数字是 41.1 万。在两年时间里,天河机场国际客流实现"翻番"。

截至 2013 年年底,天河机场的国际/地区客运航线达到 25条,其中国际客运航线 17 条,主要飞往巴黎、旧金山、新加坡、吉隆坡、首尔、济州岛、釜山、曼谷、清迈、普吉岛、福冈、静冈、金边、暹粒等,地区航线 8 条,飞往香港、澳门、台北、台中、澎湖、高雄、花莲、台南。

2014 年,天河机场将加密武汉—巴黎航线,新开美国塞班、澳洲墨尔本、俄罗斯莫斯科等 5 条直达航线,做强新加坡、曼谷等东南亚航线,开拓日韩等东北亚航线。

预计到 2015 年,武汉还将再增 10 条国际直达航线,覆盖亚欧美等地区。而据世界旅游组织和美国波音公司最新测算,一条国际航线为地方经济创造的 GDP 相当于 3 ~ 4 条国内航线。

同时,随着"四纵四横"高铁网络的快速织就,武汉机场得以更加快捷地汇集河南、湖南、江西、安徽等中部省份的客货源，"铁空联运"让国际和地区航线事半功倍——乘高铁到武汉，然后直航欧洲，将日益成为中国中部前往欧洲的新路线。法航大中华区总裁康飞迪表示，正是看中了武汉辐射整个中部的高铁网，法航将武汉作为中部的战略性中转中心。这与武汉努力打造综合交通枢纽、力争成为中部航空枢纽的目标不谋而合。

五、轨道交通打通城市"微循环"

从轨道交通来看，为打造"国家综合交通枢纽"示范城市，助力"建设国家中心城市"，武汉市开始第三轮轨道交通线网规划修编，规划到2049年，建成"一环串三镇，十射联新城"的轨道交通。

谈及城市建设，武汉人最关心的可能就是地铁。2012年年底，轨道交通2号线一期建成试运营，全国首条穿越长江的地铁在汉诞生，标志着武汉迈入"地铁时代"。真实体会到武汉地铁方便、快捷、现代的武汉市民，更期待着更多地铁线能够尽快在家门口开通。

2012年，武汉市启动城建攻坚五年行动计划，以进一步提升城市综合功能和承载能力，为建设国家中心城市和国际化大都市奠定基础。从2012年起，每年通车一条新地铁。到2015年，6条地铁线建成通车。主城

万里长江地铁第一隧

武汉地铁 2 号线

区轨道交通通车里程达到 140 公里, 各远城区与主城区基本实现轨道交通相连。

2013 年年底, 地铁 4 号线一期开通后, 与 2 号线一起, 将武昌、汉口、武汉三大火车站串成一线, 可以将各地来客迅速便捷地运送到城市的各个角落。与 2 号线相同, 4 号线一期也实现了地铁与火车站的无缝对接。"地铁 2 号线的开通标志着武汉市地铁时代的到来, 而 4 号线一期的开通意味着武汉地铁网络的形成。"武汉地铁运营公司党委书记何达曹说。

到 2020 年, 武汉地铁将联结成网, 实现 60 分钟穿城、中心城区 30 分钟点到点, 55% 的市民将选择地铁出行。

从公共交通来看, 2010 年至 2013 年, 是武汉公共交通快速发展的 4 年。通过贯彻落实公交优先发展战略, 城市公交保障能力和服务水平明显提高, 不仅市民公交出行条件得到改善, 也为"公交都市"的创建奠定了坚实基础。

2012年,武汉市被纳入交通运输部"十二五"国家"公交都市"建设示范工程首批试点城市。根据国家"公交都市"创建要求,组织拟订《武汉国家"公交都市"试点城市建设实施方案》,创建"公交都市"实施"多元网络、枢纽支撑、公交提速、低碳公交、智能公交、慢行交通、需求管理、服务提升"8大工程。

2010年至2013年,共开通、调整公交线路187条次。新城区共开通公交线路96条,6个新城区均有到中心城区的公交线路。开通城际公交线路,线网延伸至鄂州葛店。2013年,开通微循环线路28条,市民出小区步行5~8分钟就能乘上公交车。

2013年,主城区内具有到站信息发布功能的公交站台870个。2010年,全市安装使用GPS公交车仅1906辆,占公交车总量的27.22%;2013年7000多辆公交车全部安装使用GPS。2010年,公交电子站牌导乘示范公交线仅有3条;2013年,公交电子站牌导乘示范公交线发展到203条,实现公交车辆运营调度的智能化、实时化、科学化、无纸化及公交车辆运营信息的可视化。

2009年武汉北湖北路公交站牌　　　　　　2010年武汉黄鹂路公交站牌

2012 年武汉徐东村站

2013 年武汉徐东村公交站

2011 年 8 月，武汉新式公交站亭亮相徐东大街

　　在主城区内，引入现代有轨电车、BRT 快速公交等，建立多模式公交架构。在新城内，通过中运量系统弥补轨道交通覆盖不足问题。远期，主城区将形成 123 公里中运量系统，外围新城将达到 647 公里。到 2020 年，主城区公交站点 500 米半径实现全覆盖，主城区任意两点间的公共交通，到达时间不超过 50 分钟。

　　交通的大发展为武汉汇集了更多的人流、物流和资金流，一个新的国际先进要素汇聚之地正逐步形成。世界 500 强企业日本三菱商事集团在谈及落户武汉的原因时表示："按照中国从沿海—内陆的经济发展模式,位于中国中部的武汉无疑是最好的选择;武汉作为重要的交通枢纽,长江便利的水运条件也为物流运输提供了方便。中国政府对中部崛起的重视,为三菱落户武汉提供了政策支持。武汉重工业十分发达,同时具有极大的消费力,从生产到销售上的巨大潜力也吸引着三菱选择武汉作为新据点。"

第五章

大商贸

商贸流通是联结生产和消费的桥梁和纽带，既引导生产、保障供给，又创造需求、促进消费，还提供就业、惠及民生。武汉自古就是中国的商贸重镇、通商口岸，"货到武汉活"的说法一直延续至今。随着综合交通体系的不断完善，武汉的商贸物流优势更加突出。

一、"货到武汉活"——历史的积淀

武汉商贸发展历史源远流长,积淀深厚。早在 3500 年前的商朝时期,依托盘龙城,武汉就成为当时南方商文化圈的核心,是长江流域的中心以及国家南方军事枢纽。东汉蔡邕《汉津赋》记为"南援三州,北集京都,上控陇坂,下接江湖",是"导财运货,贸迁有无"的地方。三国时,武昌是东吴与魏蜀"互市"的据点。

唐、宋水道交通发展,武汉商品聚集,总量大增。唐贾至《秋兴亭记》中称汉阳有"吴蜀楼船"之盛,宋范成大《吴船录》记述武昌鹦鹉洲前南市堤下,"沿江数万家,廛阁甚盛,外郡未见如此"。因为是"川、广、荆、襄、淮、浙贸迁之会,货物之至者无不售。且不问多少,一日可尽"。

明代中后期,汉口作为避风良港兴起,商务日隆,与河南朱仙镇、江西景德镇、广东佛山镇并称全国四大名镇。清初刘献廷《广阳杂记》又把汉口与北京、苏州、佛山共称"天下四聚",指其是我国西面最大商埠,"不特为楚省咽喉,而云南、四川、湖南、广西、陕西、河南、江西之货,都在此焉转输"。

清中叶以前,武汉三镇交通赖江、汉水系,省内及邻省的舟船车马交易繁盛,是内地各省农副土特产品的集散中心,以米、盐、茶、木材、药材、棉花、麻、桐油、粮食等为大宗。明万历元年(1573)规定湖广所属衡、永、荆、岳、长沙等产粮地漕粮在汉口交兑。清道光末年,"楚米济江浙"达三四千万担,约占全国省际粮运的五分之一。清户部还规定从江苏仪征出发的淮盐以汉口为"盐岸",分销两湖。清道光十一年(1831)运到武汉分销湖北、湖南两省的淮盐约4亿斤,"盐务一事,亦足甲天下,十五省中未有可与匹者"。汉口漕粮交兑和盐业的繁荣,对市场曾起过巨大的促进作用。

清中叶以后,欧风东渐,武汉已有由广州转运而来的外国商品。汉口辟为通商口岸后,与上海、天津、广州、青岛成为国内五大商埠,国外资本以此为据点倾销工业品,掠夺农副产品。迨外国轮船进入内江内河,京汉铁路相继铺设,水陆交通日益发达,国内市场与国际市场的联系紧密,武汉不仅是内地最大的农副产品集散中心,也是进出口贸易的重要口岸。出口以脂油、棉、麻、米、豆、漆、木材、药材、皮革、药草、茶叶为大宗,进口以棉布、棉纱、石炭、煤油、蔗糖、铜、日用百货为主,五金机械、交电器材、医药、化工原料等商品亦陆续输入,逐渐形成许多新兴行业,商

清末汉口的中国传统街道

业随之迅速扩大。光绪二十三年(1897)，汉口口岸外贸总额为7000万两，宣统二年(1910)为16000万两，增长1.3倍，1928年高达28000万两，又比光绪二十三年增加3倍。外贸成交总额常居全国五大港口的第二位，仅次于上海。

清末，湖广总督张之洞提出重视"商战"，办理商学、商会，以启商智，创立商品陈列所和纱布丝麻四局，提倡实业。随着国外先进机器、技术输入，武汉民族资本主义工商业兴起。1929年，汉口工商业资本5099万银元。其中：商业资本3465万元，占68%；工业资本1319万元，占26%；手工业资本315万元，占6%。

在1895—1910年的16年间，武汉的对外贸易进入高速发展期。中日甲午战争后，中国社会经济加深了半殖民地化程度。随着宜昌、沙市、重庆、岳州等城市相继开埠和京汉铁路的开通，长江走廊的中心口岸汉口承东启西，控北引南，与内地市场形成网络，埠际贸易更加频繁。外国和本地银行的设立，信用制度的日渐扩大，外商行特别是日商行的激增，外国航运业在长江上的角逐和华商航运业的崛起，使汉口对外经济贸易呈现空前活跃的局面，逐步形成外国洋商行—买办—中国商人的经营网络。

与此同时，在"实业救国"、"挽回利权"的思潮推动下，民营近代工商业的兴办势不可遏，民营工业和民营进出口业在抵制外国货、外资企业的产品倾销中艰难发展，外国倾销者之间的竞争也很激烈。在此期间，张之洞主鄂，实行"湖北新政"。在对外贸易方面，他创办商务总局，以"开发商智，联络商情"；兴办"两湖劝业场"，陈设省内外及外国商品，以推动外贸交流；引进机器制麻、缫丝之法，"其价值顿增至3倍，专售外洋，行销颇旺"；同时兴办实业，以"略分洋利"。三镇的外贸取得长足的进步，1896—1905年，汉口贸易增加3倍多。1906年，汉口进出口贸易额占全国贸易额的 12.04%，几乎接近上海的水平。其后两三年，汉口贸易额每年 1.3 亿两，"位于清国要港之第二，将进而摩上海之垒，使观察者艳称为'东洋之芝加哥'"（水野幸吉《汉口》）。

二、"买全国、卖全国"——交通助力商贸发展

在新中国建立后的"一五"时期，武汉曾经成为中国四大工业城市之一。虽然改革开放以来武汉整体经济在全国的地位有所下降，但是武汉的商贸迄今为止在全国依然名列前茅。现在，武汉已成为长江中游航运中心、中国四大铁路枢纽之一、区域性航空枢纽，被专家认为是中国内陆物流中心的理想场所。

现在，从门到门的公路、站到站的铁路、场到场的航空、库到

武汉大商贸

库的管道、码头到码头的水运……依托铁、路、水、空的综合交通运输优势,商品一旦进入武汉,不仅可在市内、省内流通,还能通过四通八达的交通网络输送到华中乃至全国市场。立足武汉,商贸流通的"买全国、卖全国"更易实现。

另外,武汉地处全国经济地理中心,具有物流企业发展成本效率优势。《福布斯》根据城市劳动力成本、税收成本等 5 个指标最新发布的企业投资经营成本指数显示,武汉在 19 个副省级以上城市中排名第五,物流企业在武汉投资和经营的成本较低。

"中国内需消费的前沿在武汉",正如湖北省委领导所说,武汉已逐步成为全国主要消费中心之一。2012 年,武汉实现社会消费品零售总额 3427 亿元,同比增长 15.8%,增速超过全国平均水平,除各直辖市,在国内副省级城市中仅次于广州和深圳,位居第三。根据既定目标,武汉市社会消费品零售总额到 2016 年年底将达到 6000 亿元。

武汉作为中国中部物流龙头地位也受到了国际的认可。据联合国采购机构统计,全球在中国中部地区采购贸易额已突破 8000 亿元,而作为中部商贸、货运流通的枢纽,武汉已成为未来中国中部地区乃至全国的国际商品交易"柜台"。

三、商贸市场主体数量、专业化市场与电子商务的发展与提档

近年来,武汉商贸市场不断升温,规模不断壮大。截至 2012 年 5 月的数据显示,全市共有商业机构 1 万多家,商品交易市场近千个,家乐福、沃尔玛、麦德龙、易初莲花、百安居、群光、新世界等全球主要外资商企在武汉开店数量超过 36 家,各类连锁经

营网点发展到 6000 多个。未来 5 年，武汉还将投资 700 亿元，推动建设 30 个以上重点商业项目，提升十大商圈的商贸服务能级，改造建设 10 个特色商业街区，培育 17 个新兴区域商业中心。届时，武汉市民及游客可享特色鲜明、购物便利、配套完善的现代化都市商圈。

商贸市场主体数量不断增多、实力有所增强，特别是以武商集团、中百集团、中商集团、九州通为代表的一批有实力的本地市场主体，逐步从武汉走向全国。武商集团、中百集团被列为国家商务部重点培育的流通企业集团；武汉商联集团跻身全国综合商业集团第 3 名；九州通发展成为全国最大的医药商业流通企业之一，连续 6 年位列中国医药商业企业第 3 位、中国民营医药商业企业第 1 位。

在满足本地消费市场需求的同时，这些商业连锁集团也加快向省内、全国扩张的步伐。仅中百集团，截至 2011 年年底，就拥有仓储超市 203 家，在武汉市以外开业的数量占比超过 65%（湖北省内 76 家，重庆市 56 家）。中百仓储注重实体店发展的同时，也发展网上购物。中百仓储的网上超市 2013 年 8 月全新上线，消费者网购后，最快当天到货。

武汉的专业化商贸市场发展势头十分迅猛，商贸物流积聚优势不断放大。拥有"天下第一街"美誉的汉正街，正整体搬迁至"汉口北"新市场，迎来提档、改造、升级的新机遇，着力打造以多门类批

武汉国际广场内景

发市场为核心,以大型商业广场、物流中心、电子交易平台等为配套的国际化交易超级市场,截至2012年,已吸引3000多家商家和2000多个品牌入驻。

香港德大集团投资60亿元建设的四季美农贸城,是全国唯一一个拥有自建码头、铁路专用线的批发市场,是华中最大的果蔬批发市场,全部建成后将成为中国规模最大、品种最齐全、物流设施最完备的农贸产业大航母。

2011年11月,投资12亿元的华中地区最大冷链物流项目——"联想供应链白沙洲冷链项目"在汉奠基,项目建成后,可辐射带动华北、华东、华南、华中及西部地区农副产品的加工、贮藏、运输、分销和零售,成为华中最大的农产品交易中心和"一站式"采购平台。

中国汉交会——致力于打造中国内需贸易第一展——于2010年举办首届展会,首届展会吸引了中部六省50家大型批发市场组团参会,使汉交会升格为全国性重要展会。汉口北国际商品交易中心针棉制品、日用品两大市场同期开业。借助历届汉交会强大的市场聚合和政策助推能量,正发挥产业聚集和市场集散的力量,加速打造中国最大的消费品内需交易平台。

武汉电子商务新业态迅猛发展,正加快"三网融合"试点建设,把武汉快速打造成国家电子商务重镇。武汉市在2010年成为"三网融合"试点城市。2011年,成为全国首批电子商务示范城市,被评为"中国电子商务最具创新活力城市"。武汉依托丰厚的物流商贸条件,不断推动电子商务的发展,武汉电商事业的发展如火如荼。

武汉市是首批获准进入全国12个三网融合试点城市之一。武汉以此为契机,积极推进"武汉模式"的三网融合试点,三网融合类套餐将走向家庭,百姓日常生活从信息化趋向智能化,进行互联互通、资源共享,为用户提供语音、数据、广播电视等多种服务。

这种推进三网融合业务的"武汉模式"系全国首创。据估算,三网融合后,每年将直接拉动武汉市社会投资50亿元,光通信产业和通信服务业增加产值120亿元以上,为武汉电子信息产业5年内实现跨越式发展的产业目标奠定坚实基础。

2011年,武汉市正式获批全国首批电子商务示范城市,表明武汉市近年来在无线城市、光通信城市、三网融合等方面取得了重大进步。据武汉市商务局发布的数据,2010年,武汉市有电子商务企业4万家,其中规模以上电子商务企业102家,总产值为180亿元。

为了加快武汉电子商务的发展,打造中部电子商务重镇,武汉市政府通过专项补贴和政策扶持来支持电子商务的快速发展。2013年12月,武汉市政府常务会原则通过《加快发展与运用电子商务的若干意见》,2014年将专门拿出两亿元扶持电子商务的发展,世界500强、国内百强企业在汉设立电子商务总部、区域总部最高可获千万元补贴。规划在2016年前,引进15家国内20强电子商务巨头在汉设立总部、区域总部、数据中心及结算中心。

四、保税物流区——大商贸背后的护航者

由于区位优势独特,武汉目前已成为长江中游航运中心、中国四大铁路枢纽之一、区域性航空枢纽,被专家认为是中国内陆物流中心的理想场所。据统计,2011年,武汉市社会物流总额已达17683.06亿元,年均增长率达到31.76%,超过全国平均水平的10%左右。根据规划,到2015年年末,武汉物流业增加值

将达 1200 亿元，冲刺中国内陆"第一物流枢纽"。

作为全国 9 大物流区域、10 大物流通道中的中心城市和枢纽城市、21 个全国性物流节点城市之一，武汉市于 2009 年被国务院确定为中部物流区的中心，2010 年被商务部授予"全国流通领域现代物流示范城市"。

据武汉市商务局负责人介绍，在打造国家商贸物流中心的过程中，商务部门将努力在商品交易和专业市场中打造一批体现国家中心城市聚集和辐射功能的"武汉价格"指数，将武汉建设成国内贸易的重要交易地、国际品牌的主要聚集地。

保税物流区是全国各个区域对外开放程度最高、运作机制最便捷、政策最优惠的区域之一，已成为区域经济发展最重要的组成部分。根据《武汉物流发展"十二五"规划》，"十二五"期间，武汉将发展生产型、生活型和创新发展型三大物流产业集群，包括扩大保税物流规模，将武汉打造成为长江中游地区保税物流中心。

武汉目前有两个保税物流区，东西湖保税物流区和东湖综合保税区于 2008 年和 2011 年先后获批设立，加上位于武汉经济开发区的出口加工区，武汉市汇聚了三大海关特殊监管区。

据东西湖保税物流中心负责人介绍，已经封关运行的东西湖保税物流中心，先后为富士康、长飞等全国 50 多家企业提供通关服务，辐射湖北、江西、河南、山西、广东、浙江、上海等近 10 个省市，这些都使得武汉的物流枢纽和中心城市地位进一步强化。

以物流节文化推动武汉市物流产业的发展。2012 年 11 月，武汉市举办了主题为"现代物流城市发展"的第九届中国国际物流节，参展企业超过 400 家，签约项目总额达 300 亿元人民币，规模创历届之最。武汉正是借位武汉快速发展的物流产业、打造国家商贸物流中心的优势获得本届物流节的主办权。

同时,在举办的中国国际物流节上,武汉市政府和第九届中国国际物流节组委会联合发起成立"中国物流城市联盟"。据中国国际物流节组委会负责人介绍:"中国物流城市联盟"的成立旨在加强城市物流业界的合作与交流,推动物流在城市、地区、国家、世界范围内的大发展。

为实现建成中国国家级物流中心的目标,武汉市计划投资1100亿元加快发展现代物流业,其中包括制造业物流、商贸物流、农产品物流、物流基础设施和物流信息化建设5大类,共173项;武汉还将形成以本地为区域物流组织中心的辐射系统布局,包括1小时辐射省内主要城市、2小时辐射中部省会城市、4小时辐射北京、上海、广州、重庆等中心城市、12小时辐射区域国际城市、24小时辐射全球城市的设施系统。

2013年12月,武汉市政府颁布《建设国家物流中心意见》,出台《引进物流龙头企业总部在汉落户扶持政策和扶持物流企业做大做强实施办法》,助推武汉国家物流中心建设,将物流业打造成武汉千亿产业。

武汉市交委相关负责人介绍,根据《办法》,武汉将重点引进世界物流企业100强、国内物流企业50强,并给予优厚政策。如总部物流企业入驻,自企业总部纳税之日起,3年内任意一年对武汉市税收贡献达到500万元以上按照当年实际税收贡献额的20%给予一次性开办补助。

按照中长期规划,2015年,武汉将基本建成中国重要的物流中心,进入全国物流先进城市行列,物流业增加值实现翻番,由2011年的562亿元增加到1200亿元。到2016年,争取社会物流总额达到3.5万亿元;物流产业增加值达到1500亿元。2020年年末,基本建成服务全国、辐射亚太、面向世界的国家物流中心。

第六章

大科教

科学技术是第一生产力，人是生产力中最革命、最活跃的因素。放眼全球，众多因科技而兴盛的城市，在新经济时代发展得更快、更有活力、更有朝气。如美国的波士顿，通过实施创新驱动型城市发展战略，实现了从美国"工业革命摇篮"向创新中心的华丽转身；帕罗奥多则因与"硅谷"和众多国际顶级高校毗邻，在短短数十年间，从无名小城一跃成为享誉全球的高科技研发中心。

　　科技创新能力是衡量和推动经济社会发展的关键指标与持久动力。世界创新型国家的发展经验表明，科技自主创新已成为促进国家发展的主导战略，科技进步贡献率大约都在70%以上。对处于发展之中、改革之中的中国而言，科技自主创新就像一种精神标杆，把握着国家发展的脉搏，催促着城市建设的步伐。

科教力量是经济社会发展中的先导力量，而武汉市也紧紧抓住这个关键因素，作为长期发展战略来实施。1987年，武汉在全国省会城市中第一个确立"科教立市"基本市策。1996年，《武汉市科学技术进步条例》颁布实施。2006年，市委、市政府隆重召开新世纪第一次科学技术大会，出台《关于增强自主创新能力 争创国家创新型城市的决定》。

自2011年以来，武汉市依托本地优势科教资源、丰富人力资源来促进科技自主创新发展，提高自主创新水平，做大做强高新科技产业，努力把武汉市建设成为国家创新中心。

表达 CD56 分子的 T 淋巴细胞

2012年，武汉大学基础医学院教授侯炜和武汉大学动物实验中心霍文哲教授团队在进行合作研究时，发现了一种名为"表达CD56分子的T淋巴细胞"具有抗艾滋病病毒感染的作用。该项科研成果发表在2012年8月份美国著名国际学术刊物《淋巴细胞生物学》杂志上。

"表达CD56分子的T淋巴细胞"的成功发现、"世界首台数字正电子发射断层成像仪"的成功研制、"全球首张水稻全基因组育种芯片"的开发、"全球首个互联网业务感知和内容识别国际标准"的制订，武汉市在科技创新领域独树一帜，成果夺目。一项项的科技创新成果，引领着大武汉经济社会的大发展，不断增强着武汉的城市创新能力。

一、"只要是有利于大学发展的事，都坚决去做"

科技的创新需要坚实的人才基础，需要雄厚的科教资源为积淀。历史反复证明，发展科技关键在教育、核心在人才。人才培养最关键的是大学。大学是知识的殿堂、人才的摇篮、文明的园地、思想的载体、创新的基地。

"现代大学之母"德国洪堡大学，与黑格尔、普朗克、爱因斯坦、马克思等一批巨擘的名字联系在一起，被黑格尔评价为"没有洪堡大学就没有光辉灿烂的德意志文明"。作为城市的管理者，更要把大学作为城市的立城之基。大学与城市血脉相连，共生共荣。

作为中国科教重镇的武汉，拥有 85 所普通高校（"985"高校 2 所、"211"高校 7 所），截至 2013 年 1 月的数据显示，在校大学生和研究生总数已超过 118 万人，超过了北京、上海、纽约、伦敦、莫斯科、巴黎、柏林、东京等知名国际大城市，位居全国全球大城市中第一名。

同时，武汉拥有 106 所各类科研机构、63 名两院院士、20 个国家级实验室、20 家国家级工程（技术）研究中心，科教综合实力居全国第三。武汉市智力资源和人力资源的丰富程度，与北京、上海不相上下；相比其他城市，则拥有更加突出的数量优势和成本优势。在新世纪、新经济时代，这已成为武汉市最重要的资源。

武汉市委书记阮成发在《武汉——我心中的 2049》中指出，只要是有利于大学发展的事，我们都要坚决去做；只要是不利于大学发展的事，我们都坚决不做；只要是妨碍大学发展的事，我们都要坚决反对。要像呵护生命一样，呵护我们的大学。如果全市人民都有这样的共识，武汉一定会前途远大。

　　众多的高校和科研院所,也为武汉市培育了大量人才。特别是在测绘、地理信息、激光、光电子等领域,其雄厚的科研、人才实力,使武汉在国家重大工程项目中屡立奇功,大大提升了武汉在中部乃至全国经济社会发展中的地位。

　　统计表明,在测绘领域,在武汉工作或从武汉走出的院士多达11位,占全国该领域院士数量的一半以上,测绘遥感力量,被称作全中国最强的"天地国家队",其研究成果在南极科考、抗震救灾等国家重大项目及活动中发挥了举足轻重的作用。

　　在地理信息领域,武汉拥有全国最早开设此类专业的多所高校,如原武汉测绘科技大学(已并入武大)、中国地质大学(武汉)、华中科技大学等,相关专业毕业生数量居全国前列。武汉东湖高新区国家地球空间信息及应用服务创新型产业集群入选全国第一批创新型产业集群试点。

众多的高校毕业生

在光电子领域,"中国光谷"不仅拥有以武汉光电国家实验室为代表的一批国家重点实验室,而且以企业为中心的创新力量不断增强,一批国家级重点实验室、技术中心相继落户企业。到 2015 年,武汉光电子信息产业总收入将实现 5000 亿元,年均增长速度超过 36%。培育年销售收入过 500 亿元企业 1~2 家、过百亿元企业 5~6 家。企业累计新增主导制订国际标准、国家标准和行业标准 100 项。

> **国家重点实验室**
>
> 国家重点实验室是依托一级法人单位建设、具有相对独立的人事权和财务权的科研实体,作为国家科技创新体系的重要组成部分,是国家组织高水平基础研究和应用基础研究、聚集和培养优秀科学家、开展高层次学术交流的重要基地。

二、科技创新与三大国家级开发区

武汉市目前形成东湖新技术开发区、武汉经济技术开发区和武汉临空港经济技术开发区三个国家级开发区"三足鼎立"的局面,形成"大光谷"、"大车都"、"大临空"各具特色的产业开发区,成为科技创新的重要平台。

东湖高新技术开发区自 2009 年 12 月被国家批准为继北京中关村之后的第二家国家自主创新示范区后,以勇于创新的改革精神,不断走在中国科技创新的最前沿。开发区开启了一系列改革和发展规划,启动了股权激励、科技成果转化、科技金融创新、"人才特区"等试点,激活了武汉市科技创新之风。

在科技部 2013 年公布的全国开发区评价中,东湖高新区综合排名由原来的第四名跃升至第三名,其中园区知识创新和技术创新能力在全国高新区排名第二。综合排名前两位的,分别是北京中关村和深圳高新区。这是对武汉市科技创新发展成果的认可,同时也是对武汉建设全国创新中心以及国家中心城市的莫大鼓舞。

武汉经济技术开发区近年来逐步完成从"武汉制造"到"武汉创造"的转变,在武汉市大力实施系列优惠政策和资金扶持下,不断引进高新科技人才,鼓励企业自主创新,持续转变经济发展方式,截至2013年年底,30多家研发机构相继落户,年总产值每年以25%的速度增长,已形成千亿元产业1个、百亿元企业3个。

2010年,吴家山经济开发区上升为国家战略层面的国家级经济技术开发区,享受现行国家级经济技术开发区的政策。2013年5月,吴家山经济技术开发区更名为武汉临空港经济技术开发区,成为国内首个发展临空经济的国家级功能区。其规模以上工业总产值462.97亿元,位居新城区第一、各区之首。目前,"武汉客厅"已建成,成为武汉文化新地标。

武汉客厅

武汉客厅是座集文化艺术品展示交易、影视创意产业基地、高端酒店会议服务于一身的城市文化综合体,系国内首创,建成后不仅成为武汉新的城市标志,还将成为中部地区最具影响力的文化展示交流平台。

除此之外,在科技创新特色园区建设上,武汉扎实推进特色园区建设,注重特色产业发展、特色园区建设,使武汉市的科技园区有了突破式的发展,不断构筑武汉市科技自主创新的核心竞争优势。光谷生物城、未来科技城等特色园区是武汉市推进科技创新的一大举措。

同时,武汉市启动新能源环保产业园——湖北省第一个低碳工业示范园区,中冶南方机电产业园快速推进,中华科技产业园、中新科技园积极推进,这些园区与众不同在于,重点突出产业特色,打造优势产业,走科技自主创新道路。

光谷生物城延伸至庙山、吴家山和沌口三大产业园区,辐射武汉"1+8"城市圈,拓展为整个湖北区域,以生物服务外包、生物制药新兴产业为主导,大力培育以中药现代化和生物农业为主的优势产业,矛头直指武汉市第二大支柱产业及又一个千亿元产业。

武汉未来科技城——国家四大未来科技城,武汉规划面积最大——按照"国际领先、世界一流"的标准建设,以光电子信息、生物医药、能源环保、现代装备制造及其他新兴产业的研发为重心。武汉未来科技城将吸纳 10 万科技工作者,计划实现企业收入 2000 亿元。

武汉未来科技城

2008 年中央组织部、国务院国资委作出建设未来科技城的重大战略部署,并选择北京、天津、武汉、杭州作为先期试点城市。

另外,武汉韩国产业园——中部地区首个专为外国企业打造的产业园——在吴家山经济技术开发区开建,重点发展汽车零部件制造、装备制造等产业和健康生物食品。该园区对于外资企业、品牌的引入与落户起到非常重要的作用。

中华科技产业园——首个华人华侨专属创业特区——于 2012 开建,专为华侨华人提供从落地到创业、创新、生活及休闲一体化的综合配套服务。同年开建的中新科技园是继苏州工业园区、天津生态城和广州知识城后国内"新加坡第四城"。

丰富的人力资源为企业的研发、核心技术攻关提供了关键性的智力支撑。这也成为武汉市吸引国内外知名企业入驻的重要因素。近年来,武汉市吸引了 IBM、微软、西门子、NEC、富士康、华为、中兴等一大批包括世界 500 强在内的高新技术企业落户。2010 年,IBM 中部地区首个全球服务中心落户武汉,该中心负责人表示,正是武汉独特的人才优势和地理优势让 IBM 动心。

三、武汉正在成为中国公认的知识与创新中心

科教、人才优势也使武汉频频受到国家政策的青睐。2009 年 12 月，继北京中关村之后，国务院批准武汉东湖高新区为国家第二个自主创新示范区；2010 年，武汉市又获批成为国家创新型试点城市。

除此之外，武汉自身把科技人才的培育和引进视为一项重大工程，以此构筑科技创新的核心竞争力，同时，积极构建科技创新的平台，夯实科技创新的坚实基础。

武汉于 2009 年和 2011 年先后实施"3551 人才计划"和"黄鹤英才计划"以来，积极打造"人才特区"试点，共引进国家"千人计划"人才 170 名。2012 年全市新增国家级研发平台 21 个，8 家企业成为国家创新型企业。5 年专利授权达到 3.8 万件。114 项科技成果获得国家级奖励。2013 年新增两院院士 16 名，总数达到 63 名。

积极打造"人才特区"试点，从 2010—2013 年，武汉光谷将在光电子信息、生物、清洁技术、现代装备制造、研发及信息服务 5 大产业，引进和培养 50 名左右掌握国际领先技术、引领产业发展的科技领军人才，1000 名左右在新兴产业领域内从事科技创新、成果转化的高层次人才，以期在国际金

3551 人才计划

"3551 人才计划"是指未来 3 年内，东湖高新区以高新技术产业化为主题，以海外高层次人才为重点，以企业为载体，在光电子信息等 5 大重点产业领域，引进和培养 50 名左右掌握国际领先技术、引领产业发展的领军人才，1000 名左右在新兴产业领域内从事科技创新、成果转化、科技创业的高层次人才。

黄鹤英才计划

"黄鹤英才计划"是指争取到 2015 年有重点地引进和培养 100 名左右具有世界领先水平的创新团队核心成员或领军人才，1000 名左右具有国内领先水平的高层次创新创业人才。

"两圈一带"大学生就业招聘会现场

融危机中,抓住一些发达国家企业破产、裁员、科研经费紧缩、高层次人才加速流动的机遇。

积极实施"青桐计划",鼓励大学生到科技企业孵化器创业,支持有条件的孵化器建设大学生创业特区,以此激发和引导更多的大学生创新创业。

依托强大的智力密集资源,武汉在知识创新方面走在全国的前列,并且受到了国内国际的认可。2012年,武汉摘得国家知识产权示范城市"金牌"。武汉市在全国50多个城市申报国家知识产权示范城市的评选中以总分第一摘得国家知识产权示范城市的"金字招牌"。这块全国保护知识产权最佳示范城市的金字招牌,将成为武汉市面向全国科技创新产业招商引资的加分牌。

在世界银行联合中国国务院发展研究中心发布的《2030 年的中国》研究报告中,武汉被列为"正在成为(中国)公认的知识与创新中心"城市。在世界银行看来,武汉正属于"有幸能吸引到超过某个门槛的世界级企业或世界级技术研发中心的城市",而且"已经实现这种跨越,正在成为公认的知识与创新中心"。

四、科技创新与金融创新的融合

对商机有着敏锐嗅觉的金融企业,也在武汉市突出的"大科教"优势中发现了巨大的潜力。近年来,汉口银行、中国银行、交通银行等金融机构纷纷在汉推行科技金融创新,设立科技金融中心或推出科技金融产品及服务。2010 年 12 月 1 日,汉口银行科技金融服务中心正式对外营业,立足光谷、辐射全国,通过搭建专业的科技金融服务操作平台,能够为广大科技型企业提供一站式、多功能、综合性的金融解决方案。

到 2013 年年底,已有中国人民银行、交通银行、招商银行、太平洋保险等 33 家大型金融机构在武汉设立或正在筹建金融后台服务机构,入驻武汉的金融后台服务机构数居全国第一位,同时还有超过 20 家金融机构表示要在武汉建立后台服务。

科技创新与金融创新通常是相辅相成、融为一体的两大创新引擎。"产业发展往往源于科技创新,而成于金融创新。"中关村管委会副主任杨建华表示。因而,武汉推进科技和金融融合发展步伐正在加快,建设全国重要的科技金融中心就尤为重要,而且武汉已在科技金融创新中做了有益的探索。

武汉东湖高新区"资本特区"正是科技创新与金融创新融合的典范,其效应已经显现,正在抢占中部科技金融创新战略制高点。东湖高新技术开发区为打造"资本特区",出台了政府奖励、购租房补贴、税收返还、人才引进、企业上市、环境优化等一系列优惠政策来促进科技与金融有效结合,以自主金融创新来推动科技成果产业化,将武汉市的科教比较优势转化为经济发展优势。

另外,武汉科技金融创新俱乐部的成立也是武汉金融创新的典型,不但给湖北科技型中小企业的发展带来了利好,同时,也对建立科技金融服务新模式形成促进。这一平台的目的在于发挥信息共享、激励约束、孵化做强、优胜劣汰四大功能,来推动湖北省科技型中小企业做大做强,加快推进武汉科技金融创新试点城市建设。

科技似乎与文化并无瓜葛,但科技创新为文化的创新提供了技术可能,并且这一可能正在逐渐地转化为经济效益,科技与文化成为未来文化产业发展的新趋向。自中央开辟这一文化发展战略以来,武汉在这方面敢作敢为、先行先试,已经走在全国的前列。

自武汉东湖于2012年被列为中国首批16家国家级文化和科技融合示范基地后,武汉正式启动建设国家文化和科技融合示范区建设。《武汉市"十二五"文化发展规划》也提出,加快文化与科技的融合,推进文化产业结构转型升级,重点发展具有文化因素与科技含量的传媒出版、动漫游戏、创意设计等产业。

另外,最引人注目的是武汉围绕"文化五城"建设,启动了文化与科技融合十大示范工程,其中包括数字图书馆、数字出版产业发展、民族文化科技保护、文化演艺产业发展、高科技博览、"工程设计之都"、"三网融合"、动漫游戏、多语云翻译、"教育云"。这都使武汉在文化与科技融合方面首屈一指,进入全国三甲之列。

第七章

大光谷

世界一流的高精度等离子切割机、四个国际电联标准，中国第一根光纤、第一个光纤传感器、第一台半导体激光器，中国第一家国家级的光电子产业基地……这些"第一"都有一个共同的诞生地——中国光谷。光谷，已成为武汉科技创新的制高点、中国IT行业的新一极，为武汉市的经济快速发展装上新的引擎。

一、"光谷"——中国光电子之都

20世纪末,继IT产业之后,世界光电子产业勃然兴起,成为全球高新技术产业的最新前沿领域。30年前,中国第一根光纤从武汉南望山拉出,武汉成为光电子产业前沿阵地。慢慢地,这里成了中国最大的光纤光缆、光电器件、光通信技术、激光产业基地,"武汉·中国光谷"应运而生,光电子产业成为光谷的绝对主导产业。

中国第一根光纤

1976年,中国第一根光纤在武汉邮电科学研究院诞生。1982年12月31日,全国第一条实用通信光纤光缆在汉铺设,全部使用国产光纤,从汉口合作路到武昌民主路,全长13.3公里。1983年,这段光缆系统正式投入电话网使用,标志着中国光纤通信走向实用化阶段。

赵梓森

赵梓森(1932年2月4日—),广东中山人,武汉邮电科学研究院高级技术顾问,中国工程院院士,国际电气电子工程师协会高级会员。他是我国光纤通信技术的主要奠基人和公认的开拓者,被誉为"中国光纤之父"。

当美国、日本、德国、英国等发达国家竞相制定应对措施迎接光电子时代到来之际,被誉为"中国光纤之父"的赵梓森院士多次提出在武汉构建"中国光谷"的设想,并联名26位院士向国务院提出该项建议。

湖北省、武汉市的决策者们也高瞻远瞩，以超前的战略眼光和胆识，审时度势，抢抓机遇，以光电子信息产业来发展地方经济，努力实现湖北省的重点跨越。2000 年 5 月，省、市领导作出建设"武汉·中国光谷"的重大决策。2001 年，原国家计委和科技部正式批复同意依托武汉东湖新技术开发区建设国家光电子产业基地，即"武汉·中国光谷"。最终，"中国光谷"花落武汉，开启了武汉市光电子信息产业发展时代。

中国光谷的建设与发展凝结了几届国家领导人、部委领导、省市领导以及社会各界的智慧与支持。自光谷开建以来，先后有多位国家领导人视察光谷，2005 年 8 月，时任国家总书记的胡锦涛同志视察武汉光谷，充分肯定了光谷通过开发具有自主知识产权的核心技术和关键技术，发展特色高新技术产业的做法。同年 6 月，时任国务院总理的温家宝同志视察北京中关村时，专门讲到要把武汉东湖高新区的光电子信息产业做大做强。

"中国要走创新驱动发展道路，不能做其他国家的技术附庸，关键技术要靠自己。"2013 年 7 月，习近平总书记在视察光谷的时候如是要求。他勉励道，中国实现两个百年目标、建成现代强国之时，自然就是大师辈出之时，期盼中国光谷涌现更多优秀科技人才。这给正处于上升期的光谷发展提出了更高的要求，其责任之重，其任务之艰，可见一斑。

湖北省委领导对光谷更是寄予厚望，在 2012 年光谷调研时指出，"光谷一定要瞄准世界一流，打造创新之谷，为建设科技武汉，推动全省科技创新作出示范和表率"，给全国起步最早，国家三大自主创新示范区之一，全国唯一光电子产业基地——武汉中国光谷打了一剂强心针。

半城江色，半城湖光。东湖新技术开发区就依偎在这里，自

1988 年成立以来,迎着中国的改革大潮,依托境内雄厚的科教资源,顺势而为,经过 20 多年的发展,成绩卓著,成功进位全国开发区前三甲。它是光谷科技创新的主体,作为光谷核心竞争力的重要体现,已成为中国国际竞争力的知名品牌。

新世纪以来,东湖新技术开发区的发展获得更大的突破。2009 年获批国家自主创新示范区,成为继北京中关村后我国第二家国家自主创新示范区。之后,不断推进示范区各项试点工作,启动了股权激励、科技成果转化、科技金融创新、"人才特区"等试点持续创新。据统计,2013 年,东湖开发区企业总收入达到 6517 亿,跃居全国第三位,落后于北京中关村和深圳高新区。

科教优势是光谷发展的重要优势,也是科技创新的重要财富。光谷充分发挥区域科教优势,整合国内外资源,坚持走自主创新、发展特色产业之路,抢占全球科技领域的"制高点",用光的速度演绎新的辉煌,实现了超常规和跨越式发展。实现企业总收入由 2000 年的 252 亿元上升到 2013 年的 6517 亿元,工业总产值由 2000 年的 213 亿元上升到 2013 年的 5086 亿元,形成了以光电子信息产业为龙头,生物产业、新能源与环保产业、现代装备制造业、研发与信息服务业竞相发展的产业格局。

如今的光谷是中国光电子

中国光谷

信息技术实力最雄厚的地区，最大的光纤光缆及光电器件基地、最大的光通信技术研发基地、最大的激光产业基地。这里聚集着 2000 多家高新技术企业、50 多所国家级科研院所，是中国智力最密集的地区之一。"中国光谷"的发展历程堪称武汉发挥比较优势，将技术优势转化为产业优势、实现跨越式发展的"经典之作"。

美国旧金山市市长李孟贤在 2013 年友好访问光谷后大发感叹，对光谷的高新技术赞叹不已。认为光谷发展的光缆光纤技术、生物科技、软件等领域，均具备了和硅谷相同的框架，"光谷在向硅谷靠拢。"并且，他乐观预计，"光谷 5 年赶上硅谷"。

二、厚积薄发，光谷千亿产业接连涌现

作为中国最大的光电子研发和生产基地，光谷不仅汇聚了惠普、微软、思科等世界知名科技公司的中国分部，更是华为、中兴、烽火等这些本土巨子的密集布局地。

作为和北京中关村齐名的"国家自主创新示范区"，光谷吸引了近百万全国乃至全球的科技精英汇聚这里，就像当年的比尔·盖茨、乔布斯奔赴美国西海岸，创造着一个个新的奇迹。

如今，"中国光谷"在光纤通信、激光、光电系统、光电材料及器件等生产和研发领域，具备国际

烽火科技通信光纤光缆制造车间

烽火科技通信制造车间

先进、国内领先的水平和突出优势。截至 2012 年 5 月,"中国光谷"的光纤光缆生产规模居全球首位,国内市场占有率 66%、国际市场占有率 25%;光电器件国内市场占有率达 60%,国际市场占有率 12%;激光产品国内市场占有率一直保持在 50% 左右。2012 年,区内光电子信息产业企业总收入接近 2000 亿元。

　　武汉光谷拥有烽火通信、长飞光纤、武汉光迅、楚天激光等一批在全球具备研发和产业竞争优势的光电子信息企业集群。

　　作为光电子领域的重点企业之一,2000 年启动建设中国光谷时,长飞光纤光缆有限公司的产品销售额世界排名第 16 位,多模光纤的国际市场占有率为 10%,居世界第 5 位。次年,全球光电子产业大调整,光纤产业发展遇到了"寒流",公司进行技术改造,抢占国际市场,2008 年,国际市场占有率上升到 12%,并赶超了日本藤仓、美国康宁等行业龙头；2009 年国际市场的占有率上升到 25%，世界排名上升到第 1 位。2012 年，公司产值成功突破 60 亿元。过去 10 年中，虽然光纤价格降了 90%，但长飞光纤公司的产值仍年年增长。

> 2012 年 11 月 29 日，从迪拜举行的世界电信标准大会上传来振奋人心的消息：由武汉邮科院在国际电信联盟 ITU-T 第 13 研究组主导制订的 Y.2770 标准获得世界电信标准大会最高级别会议批准，正式成为国际电联标准，也是全球首个互联网业务感知和内容识别的国际标准。

2011 年 12 月，武汉邮科院在高速光通信实时传输关键技术的研究上取得突破，实现在一根光纤上传输的数据量超过 240Gb/秒，超过美国科学家创造的 110Gb/秒，又一次在光通信领域刷新世界纪录。

"一流企业卖标准，二流企业卖品牌，三流企业卖产品。"武汉正在打造中国"光谷标准"，比肩硅谷。2012 年年底，武汉邮科院主导制订的 Y.2770 标准，成为全球首个互联网业务感知和内容识别的国际标准。同时，武汉邮科院还提前启动了相关项目开发，并得到国家 863 项目支持。

在创新的浪潮中，全球、全国生物产业"大脑"密集布局光谷。武汉，跃升为全球生物产业的重要聚集地之一。一轮生物产业的朝阳，正在光谷喷薄而出。"目前光谷生物城有 150 多个研发项目，几百个产品在孵化。按照国际经验和产业发展周期，未来几年，光谷生物城必定迎来成果爆发期。"中科院院士、武汉生物技术研究院院长邓子新表示。

美国辉瑞、德国拜耳、英国葛兰素史克、美国霍尼韦尔 4 家世界 500 强的加入，全球顶尖的基因研究公司、全球领先的新药研发外包公司、全球一流的农业育种公司；中国第一医药物流国药控股，中国畜牧安全第一品牌中牧股份，全球排名前十的生物

光谷生物城——人福科技实验室

巨头中,7 家已经或意向入驻。

在生物制药产业、生物医药领域,这里有 14 位两院院士、全国唯一的 P4 实验室、26 个国家级实验室和工程技术中心。而光谷生物城"六大平台"的建设,使得武汉成为中国生物产业的最佳掘金地之一,为光谷生物制药产业冲击千亿产业目标奠定了智力与人力基础。

未来,高新区将在光电子信息、生物医药等重点产业领域展开试点,逐步实现研制 150 项以上国家标准和行业标准等多个目标。旨在促进高新技术和战略性新兴产业发展,增强企业自主创新能力,提升企业产品竞争力,推动东湖示范区建立科研、标准、产业同步机制的形成。

继光电子信息产业之后,高新技术服务业产值也首次迈入千亿元大关,是"光谷"第二个"千亿产业",2013 年,达到 1002 亿元,同比增长 31.67%。高技术服务业产值从 2011 年的 760 多亿

元猛增至千亿元，主要得益于其
服务外包和金融后台服务业的迅
速壮大，以及动漫创意、地球空间
信息等行业裂变式发展。光谷已
成为全国最大的金融后台服务中
心和中部最大的服务外包产业聚
集地。

华工激光实验室

未来，光谷有望迎来第三个
千亿元产业——环保节能产业。
目前，光谷现已开始筹建华中地
区首个环保节能科技企业孵化器，力争通过 1~2 年的努力，使环
保节能产业成长为光谷的第三个千亿元产业，进入国家新兴产
业第一阵营。据统计，东湖高新区有重点环保节能企业 310 余
家，2013 年总收入突破 700 亿元，达到 770 亿元。

据东湖高新区产业发展和科技创新局负责人介绍，建立环
保节能孵化器，意在发挥光谷节能环保产业科技资源优势，通过
加大对中小型环保节能科技企业的支持，形成一批国内领先的
节能环保产品，推动环保节能产业集群发展。

在研发领域，"中国光谷"拥有以武汉光电国家实验室为代
表的一批国家重点实验室，以企业为主体的创新力量不断增强，
不少国家级重点实验室和技术中心相继在企业落户。全球首台
71 英寸激光电视、中国首台具有自主知识产权的红光高清视盘
机、中国首套汽车车顶盖激光在线焊接系统等一批科研成果密
集涌现。

正是由于武汉在光电领域国内首屈一指的科研创新能力和
产业集群优势，在世界银行联合国务院发展研究中心发布的

《2030 年的中国：建设现代、和谐、有创造力的高收入社会》报告中，将武汉与北京（IT 与软件服务）、上海（金融与工程服务）、深圳（物流与商业服务）、成都（航空）一并列为"正在成为中国公认的知识与创新中心"城市。

根据国家规划，"十二五"期间，新一代信息技术产业的销售收入规模将增长 3 倍以上；到 2020 年，预计该产业的增加值将高达 2.34 万亿元。为实现这一目标，国家提出了"宽带中国"、"移动互联"等发展战略，宽带等基础设施投资将实现爆炸式增长，这将极大地增加光纤及相关产品的市场需求，带动"中国光谷"光通信等产业高速增长，为全球光通信、激光、光电子企业到武汉投资兴业，拓展中国市场提供无限商机。

如今，借武汉建设"两型"社会综合配套改革试验区和国家创新型城市之东风，"中国光谷"在推动城市转型发展、科技创新方面正发挥独特作用，日渐成为武汉城市名片上"耀眼的明珠"。

光谷将重点发展光通信、激光、光电显示、半导体照明、光伏太阳能、光电仪表、地球空间信息、物联网、云计算、移动互联网、数字创意、消费电子等领域。到 2015 年，东湖高新区光电子信息产业总收入预计将实现 5000 亿元，年均增长速度超过 36%；工业生产总值实现 3500 亿元，年均增长速度超过 30%。

在新一轮科技革命的冲击下，在保持现有的科技发展的同时，武汉对于科技创新的发展也有了新的要求。武汉市委书记阮成发在《武汉——我心中的 2049》中给科技产业发展做出了超前规划：一是以页岩气、生物质能源、智能电网等为代表的能源革命；二是以机器人、3D 打印、数字制造等为代表的智能制造；三是新一代互联网、电子商务、大数据、云计算等信息技术；

四是移动互联、智慧交通、智慧医疗、智慧楼宇、数字家庭乃至智能城市等。

三、精英汇集，打造"世界光谷"

科技人才是大光谷发展的有力支撑，在光谷这片 500 平方公里的土地上活跃着各类层次、不同行业的科技人才，正在成为吸引世界科技创业者的磁极。据统计，从 2009 年以来，在光谷企业工作的博士达 5000 多人，4 年增加量超过前 20 年总和。在其境内密布着 18 所高等院校，25 万名在校大学生，56 个国家级科研机构，多达 52 名两院院士，是中国智力最密集的地区之一。

在现有的科技人才的基础上，武汉不断加快光谷"人才特区"建设。2012 年新引进高层次创新人才 157 名，积极打造"人才特区"试点，到 2013 年年末，将在光电信息、生物、清洁技术、现代装备制造、研发及信息服务 5 大产业引进和培养 50 名左右掌握国际领先技术、引领产业发展的科技领军人才。

2013 年 8 月，武汉市政府出台"青桐计划"。武汉市政府除了成立 1 亿元额度的创业天使基金，还将拿出 2000 万大学生创业资助专项资金，以鼓励更多大学生自主创业。此外，政府还将支持有条件的孵化器建设大学生创业特区。

除此之外，武汉市政府鼓励光谷的创业者，借鉴硅谷经验，出台了鼓励自主创新的"黄金十条"。"黄金十条"的出台有利于营造好的发展环境、培育和丰富有利于创新创业的光谷文化。

28 岁的范犇是被"黄金十条"吸引来的重量级科技人才之一。这位中国最年轻的"国家千人计划"特聘专家，在比较了京深等多地科技园后，惊讶地发现光谷的"黄金十条"政策力度甚至超过中关村。他和妻子果断选择在光谷进行创业，实现科技梦想。

为了有力地吸引科技人才，"光谷"可以与"硅谷"形成无时差对接。武汉市长唐良智说："武汉就是要营造一个好的创业环境，吸引更多优秀人才来光谷创业，从营造创业氛围上来讲，就是要使武汉'光谷'与美国硅谷同步，实现无时差对接。"

未来的大光谷是高新科技的聚集地，未来的光谷是世界的大光谷。在未来的 10 年，光谷将肩负"中国创造"的国家战略重任，真正成长为享誉全球的"世界光谷"，而"世界光谷"就是要成为"自主创新"的聚集区、示范区，成为新兴产业的高端制造基地和辐射源。

第八章

大设计

勘察设计行业作为典型的高科技、低碳产业,具有高技术密集、高智力集成、高附加值、强产业带动力、高社会贡献度等特征。如今,工程设计产业不但为武汉聚集了大量的国际、国内顶尖设计资源和人才,还将成为衔接建筑、水利、机械等相关产业的有力纽带。充分利用和发挥勘测设计行业优势,逐步变过去在国内、国际工程承包中的劳务输出为技术、设备、甚至整体解决方案的提供。以此来开拓国内国际市场,不仅有利于推动"设计走出去",还有利于带动武汉市的机械、电子、制造等相关产业的发展,凸显武汉市"设计+制造"的集成优势,并为城市、地区乃至国家的转型发展提供一种新的战略思路。

一、"武汉设计"作品享誉全球,"没有'武汉设计'做不了的"

　　除了北京,武汉恐怕是新中国成立后毛泽东居住次数最多、时间最长的城市之一。在东湖梅岭故居,他不仅提议了邓小平第二次复出、指挥炮击金门和华沙谈判等影响中国、影响世界的重大历史决策,还构想了三峡大坝和南水北调的世界级工程。

　　世界最大的水利枢纽工程——三峡水利枢纽、世界线路最长的调水工程——南水北调中线工程、世界一次性通车里程最长的高铁——武广高铁、中国设计难度最大的高速铁路——沪汉蓉高铁、中国设计难度最大的山区

1953年2月,毛泽东同志在"长江号"舰上听取长江水利委员会主任林一山的汇报,提出兴建三峡大坝的远景设想

三峡大坝

高速公路——沪蓉西高速公路、飞架南北的多座现代长江大桥和中国第一座跨海特大桥东海大桥……这些代表中国乃至世界顶尖设计水平的工程项目，都出自于云集武汉的各勘测设计企业之手。

武汉"大设计"的自信缘何而来？这是基于武汉拥有桥梁、隧道、公路、铁路、水利、电力、冶金、化工、煤炭、汽车等世界第一的工程设计品牌的底气，是基于武汉拥有众多的工程设计院士大师以及优秀工程设计企业的支撑，更是基于武汉拥有强大的工程设计教育资源和产业资源的保障。

表2　武汉设计的"世界第一"

世界最大的水利水电工程	长江三峡水利枢纽
世界线路最长的调水工程	南水北调中线工程
长江第一坝	葛洲坝水利枢纽
世界最高面板堆石坝	清江水布垭水电站
横穿14座极高山、13道峡谷,世界最险峻的公路工程	川藏公路
中国最后一条通县公路,横穿喜马拉雅山,挑战世界工程建设技术极限的公路工程	墨脱公路
中国最复杂、最艰难、工程规模最大的山区高速公路	湖北沪蓉西高速公路
位于北京八达岭脚下,中国第一座公路弯坡斜桥,与长城景观协调	黄土岭大桥
预应力混凝土斜拉桥跨径位居亚洲第二、世界第三	湖北鄂黄长江公路大桥
国内平曲线最弯的高速公路箱梁桥,适应山区高速公路地形变化	福建猫坑溪大桥
龙蟒福生科技——眉山生物基地技改项目	世界第一个实现S-诱抗素大规模工业化生产项目
世界上一次建成线路最长、标准最高的高速铁路,是新中国成立以来一次投资规模最大的建设项目	京沪高速铁路
我国铁路建设史上难度最大、桥隧最多、历时最长、造价最高,被称为"建筑在地下长江上的铁路"	宜(昌)万(州)铁路
跨度55+200+480+200+55m的双塔双索面PC斜拉桥,在同类桥型中位于世界第三、亚洲第二	鄂黄长江公路大桥
跨度900m的钢桁架式单跨悬索桥,其规模在同类桥型中位居世界第一	沪蓉国道主干线四渡河大桥
跨度430m的上承式钢管混凝土拱桥,在同类桥型中位居世界第一	支井河大桥
主跨200m的连续钢构桥,主墩墩高178m,位居世界第一	龙潭河大桥
主跨400m的上承式钢桁拱桥,其规模位居世界第三、国内第一	大宁河大桥

武汉的工程勘察设计行业发展较早,基础比较扎实,特别是改革开放30年来,通过加强管理、转企改制、延伸设计服务,全面走向国内、国际市场,勘察设计行业更得到高速的发展。

"没有武汉设计做不了的"。武汉设计之大,首先表现的就是覆盖面全。据统计,武汉有多达21个行业的相应设计类型,门类齐全程度在全国少有,并且在冶金、铁道、公路、水利、水运、桥梁、电力、煤炭、轻工、化工、医药等领域,形成了明显的技术优势和市场优势。

今日中国,举凡说大,莫不让人联想到大而不强。"大"俨然成为一个明褒暗贬之词。然而,敢说武汉设计之大,却是大而更强。"国内一流、世界领先"是武汉设计的金字招牌。

以大桥、高坝、高铁、火车站房、隧道为主导的设计作品享誉全球;武汉的大坝、特高压、高铁等专业跻身国际顶尖之列;在桥梁、海底隧道、水利、铁路领域居全国第一、世界一流;在冶金、化工、医药、电力、公路、水运领域属国内一流。世界最大的水利枢

武汉长江大桥

纽工程、世界第一高速铁路、世界跨度最大的公铁两用大桥、长江第一桥、长江第一隧、国内首座跨海大桥、世界第一特高压输电线网……均由武汉的工程设计企业设计。当武广高铁以394公里的时速跑出世界第一高速时,武汉"大设计"当之无愧。据统计,全国三分之一的重点工程出自武汉设计。

表3 武汉勘察设计在省外、国外著名工程

桥隧工程	珠港澳跨海大桥	铁路工程	京沪高铁徐州到上海段
	杭州湾跨海大桥		广深高铁
	东海大桥		郑西高铁
	南京长江大桥		广珠城际铁路
	泰国八世皇桥	能源发电	沪宁城际铁路
	南京长江隧道		苏州地铁1号线
	大连湾海底隧道		土耳其 BEKIRLI2×600MW 超临界燃煤电站工程
	澳门西湾大桥		巴基斯坦乌奇(UCH)联合循环电厂
体育场馆	几内亚体国家育场	旅游会展	青海格尔木光伏电站
	哥斯达黎加体国家体育场		海南千年塔
	喀麦隆体育馆		广东科学中心
	尼日利亚奥尼坎足球场	综合办公	多哥议会大厦

二、一流的设计企业和设计大师

在一个个"国内一流、世界领先"的设计背后,是一家家享誉国内外、实力雄厚的工程勘察设计企业。武汉工程勘察设计企业中已经获得工程设计综合甲级资质的有6家,工程勘察综合甲级资质的有12家,居全国第二;进入全国设计行业百强的企业常年保持在6~10家。

表 4　武汉勘察设计领军企业及优势领域

勘察设计领军企业	优势及代表作品
中南建筑设计院	六大综合性建筑设计院之一,在国内及世界 18 个国家、地区完成了 6000 余项工程设计,300 余项工程获国家、省部级优秀设计奖和科技进步奖。
中铁第四勘察设计院集团	国家大型综合性勘察设计单位,完成了 58000 公里铁路和 20 多个大型铁路枢纽的勘测设计,占新中国成立后全国铁路建设任务的 30%。设计建成的高速铁路通车里程占全国新建高铁的 75%。
中交第二公路勘察设计研究院	公路勘察设计行业综合实力最强的企业之一,完成了国内外数万公里不同等级公路的勘察设计任务,重点项目有京珠、京津塘、广深珠、沪蓉西高速公路(中国设计施工难度最大的山区高速公路)。
中交第二航务工程勘察设计院	主持编制和参加编制了 20 余项行业技术标准规范。水运工程设计在长江及内河领域具有世界先进水平,取得了"内河直立式码头建设关键技术"等多项专有技术,在长江等内河水运工程设计领域占据了绝对优势地位。
长江水利委员会长江勘测规划设计研究院	水利方面的关键技术具世界领先地位。设计了世界上规模最大的水利水电工程——三峡工程,世界线路最长的调水工程——南水北调中线工程等特大型水利水电工程。
中国电力工程顾问集团中南电力设计院	中国勘察设计综合实力百强,连续 7 年进入美国《工程新闻纪录》设计企业排行榜。特高压交直流输变电及长距离跨海电缆联网研究及设计技术处于国际领先水平;设计建成 500 千伏以上输电工程线路 17000 公里,占全国总量的四分之一。
中冶南方工程技术有限公司	从事钢铁、能源设计和工程总承包;硅钢、机械、热工产品制造;清洁能源、节能环保项目的投资、建设、运营等,拥有数百项专有技术、专利技术,在全国勘察设计企业综合实力百强评选中位居前 10 名。
中铁大桥勘测设计院	国内唯一一家以桥梁为主的专业勘测设计院,拥有工程院院士 3 名,工程设计大师 4 名,获国家科技进步奖 17 项。勘测设计了大型、特大型桥梁 800 余座,代表工程:武汉长江大桥、南京长江大桥。

齐全的设计门类,一流的设计水平,给武汉带来的是全国领先的工程设计规模。2012 年,武汉工程设计产业营业收入 723 亿元,市场占有率位居全国第三;2013 年,产值突破 800 亿元,在全国仅次于部委和科研院所云集的北京。到 2015 年,武汉市设计产业的总产值预计将达到 1000 亿元,一个真正意义上的"中国工程设计之都"呼之欲出。

武汉工程设计产业服务市场遍及全国各地,并向国外市场延伸。据测算,武汉工程设计产业营业收入中约 70%来自国内其他城市和海外市场。包括世界跨度最大的三塔两跨悬索桥——江苏泰州长江大桥和南京纬三路 8 车道长江隧道、珠港澳大桥、西藏墨脱公路、哥斯达黎加体育场等一批重量级工程也都是武汉工程设计人设计的。

良好的配套环境,为武汉工程设计产业的发展提供了有力的支持。武汉拥有门类齐全的工业基础,特别是钢铁、汽车、电子通信、电力与机车制造等装备工业方面在全国占有重要地位,武汉的建筑业在国内外也具有很强的竞争力。

"所谓大学者,非谓有大楼之谓也,有大师之谓也"。武汉设计之大、之强,正是因为大师云集,后备人才资源丰富。据统计,武汉共有勘探设计企业 436 家,从业人员超过 6 万人,其中高级职称人员 1.09 万人,工程院院士 4 名,工程勘察设计大师 19 位。

武汉高校云集,"211 工程"的高校有 7 所,如武汉大学、华中科技大学等,并且与工程设计行业紧密相关的工科院校多、实力强。此外还拥有一批国家级的研究院、实验室,能够为产业的持续发展源源不断输送人才,为产业的技术进步提供支持。

表5　武汉设计大师"脸谱"

文伏波	中国工程院院士,长江委科学技术委员会顾问,曾获国家科技进步特等奖
方秦汉	中国工程院院士,中铁大桥设计院技术顾问,曾获国家科学技术进步一等奖、特等奖
郑守仁	中国工程院院士,长江委总工、科学技术委员会主任,曾获国家科技进步特等奖
秦顺全	中国工程院院士,中铁大桥局总工程师
谢国恩	全国勘察设计大师,中南电力设计院专家委员会副主任,两次获国家优秀设计金奖
谢秋野	全国勘察设计大师,中南电力设计院院长,曾获全国优秀设计金奖、全国优秀工程咨询成果一等奖,编写多项国家级规程规范
陈应先	全国勘察设计大师,铁四院技术顾问,是我国高铁设计的最早一批探索者之一
吴礼运	全国勘察设计大师,先后参与大冶钢厂、武钢、马钢、北满特钢等项目设计,多次获国家优质设计银奖等
高宗余	全国工程设计大师,中铁大桥院总工程师。荣获国家优秀工程设计金奖1项、国家科技进步奖3项等奖
杨进	全国工程设计大师,中铁大桥院副总工程师,获茅以升桥梁大奖、詹天佑成就奖
杨启贵	全国工程设计大师,长江委设计院总工程师,主持完成的世界最高面板堆石坝水布垭水电站设计,被誉为"面板堆石坝里程碑工程"
陈德基	全国工程勘察大师,曾任长江委综合勘测局局长,为三峡工程地质总负责人,获国家科技进步一等奖、特等奖
徐麟祥	全国工程设计大师,曾任长江委设计院总工,主持隔河岩新型重力拱坝设计填补了我国坝工设计空白,多次获全国优秀工程设计金奖
王玉泽	全国勘察设计大师,铁四院总工程师,京沪高铁总体设计负责人,填补我国高铁技术领域多项空白,多次获国家优秀设计金奖,是我国高铁技术开拓者
潘国友	全国工程勘察设计大师,中冶南方公司副总经理兼总工程师,获全国优秀工程勘察设计银奖等

续表 5

袁培煌	全国工程设计大师,中南建筑设计院顾问总建筑师,30 余项设计作品获省部级优秀设计一、二等奖及国家金、银奖
徐恭义	全国工程设计大师,中铁大桥院副总工程师,获国家科技进步奖 2 项,是现代悬索桥技术专家
钮新强	全国工程设计大师,长江委设计院院长,三峡南水北调中线工程主要技术负责人,获得 4 项国家科技进步二等奖
廖朝华	全国工程设计大师,中交二公路院总工程师。主持和参与编写、审查了多部行业标准、规范,先后多次获得了国家科技进步二等奖、设计特奖、银奖等
范士凯	全国工程勘察大师,中煤科工集团武汉设计院技术顾问。获省部级科技进步奖 2 项,多次获国家、省市优秀勘察奖
庄明骏	全国工程勘察大师,曾任中冶武汉勘察研究院有限公司副总工程师,曾获全国优秀勘察金质奖
蒋荣生	全国工程勘察大师,曾任中冶武汉勘察研究院有限公司院长兼总工程师,两次获得国家优秀工程勘察金质奖
陆学智	全国工程勘察大师,曾任中南勘察设计院副总工程师。多次主持或承担重大工程和科研项目

三、"武汉设计"联合舰队起航,打造"设计人才聚集的高地"

2011 年 1 月 23 日,是武汉工程设计史上值得大书特书的一天。在这一天,中国武汉工程设计产业联盟正式成立,标志着"武汉设计"联合舰队正式起航,武汉"工程设计之都"的蓝图上,画出了稳健的一笔,"大设计"必将愈大愈强。

联盟由武汉地区的建筑、市政、铁路、公路、水利、电力、冶金、机械等勘察设计行业龙头企业,以及国内著名的勘察设计科研院所、高等院校、咨询机构、建筑业制造业企业、投资公司等 32 家单位组成;汇集了工程院院士和勘察设计大师 30 多名,高级技术人才近万名,注册工程师 5000 名,形成了"设计人才聚集的高地"。该联盟旨在通过工程设计,引导相关产业调整结构、转变增长方式,推动产业的可持续发展。

2012年4月,武汉工程设计产业联盟成立由在汉水利、公路、铁路、电力、市政、勘察、建筑等11家大中型甲级勘测设计院组成的项目综合设计组,对该园区14.3平方公里的区域全面展开综合设计,把"独唱"变为"大合唱",帮武汉通用汽车产业园节省投资10亿元,缩短建设周期近一年。

近年来,武汉将致力于打造工程设计之都,实现工程设计和建筑品质大提升。据统计,目前武汉建筑业从业人员已经超过83万人,在建工程达到8214项。预计到2016年,武汉设计将成为城市文化新品牌,工程设计行业产值将突破千亿,成为全市现代服务业的支柱产业。

其中令人瞩目的是,在武汉推进硅谷与光谷"双谷"和武汉与芝加哥"双城"战略的背景下,2013年武汉与美国在规划设计领域的交流合作日趋频繁。如世界顶级设计事务所之一的美国SOM公司编制了《中国光谷中心区总体城市设计》、《二七片城市设计》、《汉正街文化旅游商务区》等重大规划项目,还在武汉成立了"SOM联合设计中心"。

此外,武汉还加强了与美国在地下空间开发、立体交通系统、低碳城市、标志性建筑设计等领域的合作,提升了武汉在一些关键技术与前沿理论方面的综合实力与水平。

第九章

大汽车

汽车是改变世界的机器。20世纪20年代美国经济的兴起，20世纪50年代联邦德国、意大利、法国经济的起飞，20世纪60年代日本经济的发展，无不以汽车工业的高速增长为先导。汽车产业作为资本密集型、技术密集型产业，前后向产业关联度高，是工业发展的龙头产业之一，对国民经济的发展具有重要拉动作用。

世界汽车产业发展的未来在中国，中国汽车产业今后十年的重点主要看中西部，当前中国中西部地区正在加速推进工业化和城市化，已经成为全球最具增长潜力的汽车消费市场，汽车制造商加快向中西部聚集。在这一趋势中，武汉正处于国家长江经济带和京广线两大主轴战略的交会点，是全球资本进入中国中西部地区的支点，日益成为全球汽车产业新的聚集地。

一、参与和见证着中国汽车产业的成长、创新和变革

　　武汉是一个拥有伟大汽车产业梦想的城市,从1952年的第一辆汉产吉普车,到20世纪60年代武汉中南汽车制造厂成立,至今已经经历了半个多世纪,武汉参与和见证了中国汽车产业成长、创新和变革的历史进程。

　　武汉的汽车业起步于新中国成立前留下来的若干私营修理厂。据《武汉方志》,1952年,江零五一工厂试制出M−20引擎,组装了3辆美式吉普车,成为武汉市最早生产的整车。

　　一位名叫曹伯兰的老人曾在《广州日报》上发表文章详述了当时的情景,他这样写道:1952年,中国人民解放军第四汽车制配厂成功试制出第一辆汉产吉普车,在参加第三届国庆游行前夕,李先念前来剪彩。中南军区后勤部政委及湖北省总工会主席都参加了这次仪式。作为汽车厂宣传干事的我,有幸手握彩带见证了这个激动人心的历史时刻。

　　1958年,为大办汽车工业,武汉市在小汽车修配厂和小五金厂的基础上,改造和发展了44个汽车修配厂。其中,长虹汽

车修配厂就是当时由武汉市 16 个手工业生产合作社先后合并组成的。

1965 年 5 月，中共中央中南局根据工农业生产发展的需要，决定在武汉市定点生产 130 型 2.5 吨载货汽车。武汉市委、市政府便确定了以长虹汽车修配厂为基础，从事汽车制造。武汉市机电局围绕组织汽车生产，对本地区汽车工业生产结构进行了调整，将武汉市长虹汽车修配厂进行了充实和加强，更名为武汉汽车修造总厂，在该厂建立总装车间和底盘车间。将 6 个主要零部件生产厂改组为总厂的 6 个分厂，利用中共中央中南局建议批准的 240 万元投资，连地方财政拨款共计 800 万元，对工厂进行了技术改造。其中直接拨给总厂 304.8 万元，新建底盘（冲压）车间、总装车间、短工车间、配电室、材料库及其他生产、生活设施。共购置各类设备 124 台。在这一过程中，该厂还本着自力更生、少花钱、多办事的精神，土法上马，自制设备 780 台，试制成功了长梁简易滚压机。

在各方面的大力支持和全厂职工的共同努力下，1965 年年底，工厂试制出样车 11 辆，其中 2.5 吨 WH－130 型货汽车 10 辆，供选型用的 1.5 吨载货汽车 1 辆，定名中南牌（后改为武汉牌）。随着样车的试制成功，为加强汽车工业的办理和协调工作，1966 年年初成立了武汉市汽车工业公司，取消了武汉汽车修造总厂，武汉市长虹汽车修配厂更名为中南汽车制造厂（后又更名为武汉汽车制造厂）。

1966 年"文化大革命"以后，在社会激烈动荡的影响下，刚刚建立起来的中南汽车制造厂生产处于停滞状态。1967 年生产 WH－l30 型汽车 300 辆，1968 年降至 158 辆。

1970 年，在工业生产逐步得到恢复之后，在"抓革命，促生产"口号的激励下,武汉市又一次组织了汽车、拖拉机"大会战"。中南汽车制造厂先后制成 500 吨、800 吨油压机和 1000 吨、1600 吨摩擦压力机等大型设备,并自制其他专机设备 39 台。随后,又完成纵梁成型、汽车总装、驾驶室焊接等 5 条生产线,还根据生产需要对一些关键设备进行了改造,扩建了车间、仓库、停车场等生产及辅助设施,结束了总装离不开铁板、焊接甩不掉榔头的手工生产方式,实现了批量生产。1970 年生产汽车 1505 辆。1971 年生产汽车 2017 辆,达到设计生产能力。1972 年 7 月至 1973 年 12 月,WH-130 型汽车参加了一机部组织的第一次国产汽车质量集中检查、试验,其性能基本达到国家要求。

经过多年发展,改革开放前后,武汉汽车工业已经颇具基础,综合实力一度位居全国第七,生产过吉普车、卡车、客车、特种车等多种车型,缓解了武汉及周边地区客货运难题。

20 世纪 80 年代以后,武汉轻型汽车工业为适应发展的需要,开始了较大规模的整顿调整。1982 年,以武汉汽车制造厂、武汉长江汽车制造厂、武汉车身附件厂以及汽车研究所、车身附件研究所三厂两所为基础,组建了实体性的武汉汽车工业公司,并将武汉汽车制造厂、武汉长江汽车制造厂按专业化协作的原则,合并调整为总装、车身、装配、发动机四个分厂。

武汉轻型汽车销售在 80 年代最耀眼。当时的武汉轻型汽车制造总厂已是国家重点企业之一,1975 年生产 211 型吉普车 1765 辆。1983—1985 年其主打产品 WH-213 轻型汽车,分别达到 4607 辆、6028 辆和 5334 辆。

载重汽车方面,武汉汽车业走过一条由盛而衰的路程。1965 年,中共中央中南局确定武汉市汽车修造总厂(原长虹汽车修配厂)仿制南京跃进牌 2.5 吨载货汽车。其中 1980 年生产了 4408

辆,创历史最好水平,1982年受竞争影响而转产。

作为公共交通的主要工具,客车在武汉汽车业发展中扮演了重要角色。武汉客车改装制造于60年代开始起步。1964年,"扬子江"牌640型客车诞生。以武汉客车制配厂、湖北客车厂为代表的客车生产企业,1985年生产能力均超过1000辆。

20世纪60年代后期,随着武汉汽车工业的发展,专用改装汽车已成为武汉汽车工业的重要组成部分。70年代以后,每年均有3～5个新开发的专用改装汽车问世。1981年起"六五"计划期间,武汉专用改装汽车的年产量占全国三分之一以上,产量居全国首位,并已自成体系。1985年,武汉有汽车改装企业19家,年生产能力1万辆。

特种车方面,20世纪80年代初,汉阳汽车制配厂开始研制重型特种汽车,并改名为汉阳特种汽车厂。1985年年末,成为年产3000辆汽车的大型工厂,产品遍销全国

武汉轻型汽车制造总厂20世纪80年代末开发生产的武汉牌WHQ1020S型双排座载货汽车

武汉轻型汽车制造总厂20世纪80年代末开发生产的武汉牌WHQ1030S型双排座载货汽车

武汉轻型汽车制造总厂20世纪80年代末开发的武汉牌WHQ6450型越野客车

并远销国外,武汉成为我国特种汽车生产基地。

二、"中国车都"梦想渐行渐近

1987 年，国家正式把汽车工业列为支柱产业，决定由二汽首先建成一个年产 30 万辆普及型轿车厂。1992 年 5 月 18 日，武汉在二汽 30 万辆汽车项目全国招标中一举胜出，东风（原二汽）与雪铁龙合资组建神龙汽车公司，落户武汉，决定以"一期规划、两期建设"的方针建设普及型轿车项目，同步引进当时雪铁龙最新款的 ZX 型家用轿车。这是中国汽车工业史上技术起点最高、引进产品最新、投资强度最大的合资企业。

由于家用车的定位和两厢车的布局过于超前，虽然没有取得良好的市场反响，然而却为推动中国家轿市场的发展及推广两厢车的概念作出了不可磨灭的贡献。

20 年前，当神龙富康还未正式进入中国轿车市场时，大街上放眼望去只是单调的三厢轿车，偶尔出现的两厢车往往被人们以一种新奇的眼光来看待，人们甚至不把它划为轿车的范畴。今天，随着中国经济的发展，国人的钱包鼓了，人们的审美观念也变了，轿车的概念也在人们感性的思维中不断改变。它不仅仅是人们用来炫耀自己身份的奢侈品，而逐渐成为很多家庭的必需品。人们以往的"轿车就是三厢车"观念被彻底打破，两厢车开始大行其道。这种观念的转变并不是一朝一夕发生的，是与神龙公司长期以来的不懈努力分不开的。其生产的富康轿车是中国两厢车的"引路人"已成为不争的事实。

1995 年，神龙武汉工厂总装车间第一辆调试车下线。18 年后，武汉汽车产业早已突破千亿元大关。武汉汽车制造业是以加速度在前进着。随着东风本田、东风乘用车陆续落户武汉经济开发区,该区成为全国最大造车单一开发区。

2003 年,前身是中国第二汽车制造厂的东风汽车公司总部"迁都"武汉,东风汽车公司与日产公司携手组建的东风汽车有限公司 2006 年也从十堰搬到沌口的武汉经济开发区。至此,东风集团总部及下属的东风本田、神龙和东风日产已全部落户武汉。三大整车厂在武汉"跑马圈地",东风本田完成两个工厂,年总产能达 48 万辆,东本依靠 CRV、思域、杰德等也是一举成名,成就中国第一 SUV,2013 年总销售量突破 30 万辆。

神龙汽车公司完成三个工厂,年总产能达 75 万辆,神龙汽车 2013 年销量突破 55 万辆,同比均增长 25%,创造了汉产汽车单个车企的销量新高。自 1995 年 9 月神龙公司第一辆汽车下

神龙汽车生产车间

线,到2007年10月实现第一个100万辆,用了12年的时间;到2011年5月,实现第二个100万辆,只用了近4年时间;而实现第三个100万辆,仅用两年多的时间。至此,神龙汽车跻身中国汽车"300万辆俱乐部"阵容,武汉成为继上海之后,第二个拥有两家总产量超过300万辆汽车企业的城市,"中国车都"的目标渐行渐近。

近年来,武汉汽车整车生产能力不断增强,汽车产业产量和产值节节攀升,已成为武汉的第一大支柱产业。目前,武汉已经汇聚了东风雪铁龙、标致、通用、雷诺以及东风公司、上汽公司等国内外著名汽车厂商,拥有或在建神龙、东风本田、上海通用武汉公司、东风雷诺、东风乘用车等一批整车厂,以及400多家汽车零部件企业,未来还将致力于汇集更多的先进汽车厂商、技术和服务,着力打造世界级的汽车产业集群。

2010年,武汉汽车及零部件行业实现工业产值1212.28亿元,同比增幅43.7%。拥有东风汽车公司、神龙汽车公司、东风本田公司等8家汽车整车生产厂,成为武汉首个突破千亿元的板块,武汉也成为中国三大汽车生产基地之一。

2012年,武汉汽车及零部件行业工业产值1669.76亿元,增长24.6%。目前,武汉已拥有神龙汽车、东风本田、东风乘用车等7家合资和自主汽车生产企业。2012年,武汉汽车产量79.52万辆,占全国总产量的4.1%,汽车及汽车零部件行业实现工业总产值1669.76亿元,同比增长42.36%,在全国汽车生产主要城市中,汽车产量排名第7(见表6)。在刚刚过去的2013年,武汉市汽车产量首次突破百万辆,产值突破2000亿元。

表6　2012年全国汽车生产主要城市产量(单位:万辆)

排名	地区	汽车产量	主要生产城市	汽车产量
1	上海	202.43	—	—
2	吉林	197.56	长春	186.9
3	重庆	196.33	—	—
4	广西	167.33	柳州	166.93
5	北京	167.03	—	—
6	广东	159.66	广州	138.5
7	湖北	154.81	武汉	79.52
8	安徽	108.52	芜湖	56.4

　　武汉正在努力用三到五年的时间形成年产300万辆整车的产能,进入中国汽车产业第一方阵;再用十年左右的时间努力构建具有世界先进水平的汽车之都,抢占全球汽车产业的制高点,实现汽车梦,武汉有着坚实的基础和独特的优势。预计至2016年,武汉汽车年产量将达500万辆,产业产值将达到4000亿元。按"工业倍增计划"实施要求,到2019年,武汉汽车产业产值将突破10000亿元。

三、汽车,改变着城市的生产、生活

　　以整车生产为基础,武汉市逐步形成了一条庞大的从零部件到整车生产、从研发到销售的汽车产业链,不仅创造了高额的产值,还对汽车零部件、汽车会展、钢铁、装备制造、电子信息、贸易、金融服务、维修等上下游产业产生了巨大的拉动作用。目前,包括美国康明斯、加拿大威斯卡特、法国法雷奥等国际汽车零部件巨头在内的近200家汽车零部件企业已在汉投资设厂;

东风汽车研发中心、康明斯发动机研发中心、法雷奥车灯研发中心等多家汽车研发中心入驻武汉；一批金融机构也大力在汉发展汽车供应链金融业务，如华夏银行武汉分行 2011 年累计为 300 多家汽车经销商和零部件供应商提供近 60 亿元授信支持，累计结算量超过 400 亿元，有力支持了武汉汽车产业的发展。

华夏银行武汉分行 2013 年开通"全球通"汽车金融业务支持湖北汽车产业链流畅运转，以汽车产业链上各类客户的需求为导向，助力湖北汽车产业发展壮大。截至 2013 年 9 月末累计发生汽车产业授信业务量 79.63 亿元，受益的汽车产业上下游企业达到 301 家，有力地支持了湖北省汽车产业链流畅运转。

正是看中了武汉完整的汽车产业链、强大的整车及零部件生产能力，以及对内陆市场的辐射带动能力，上海通用汽车第四个生产基地、也是中西部的第一个生产基地于 2012 年 3 月正式落户武汉。一期总投资近 140 亿元，其中整车的直接投资就将

上海通用汽车武汉生产基地奠基。此前三个生产基地分别设在上海、烟台和沈阳

超过 70 亿元。2014 年 6 月，上海通用武汉工厂的第一辆整车顺利下线，当年年底实现一期 30 万辆整车产能，2015 年全面达产，建成后整车及零部件年产值超过 2000 亿元。此外，一期还将同步建设上海通用及上汽集团整车及零部件物流中心。目前，已经跟进的 24 家配套零部件企业总投资将超过 60 亿元，大物流项目一期投资 8 亿元。

2013 年 12 月，等待十年的东风雷诺合资公司终于正式成立，东风汽车集团和法国雷诺共同投资 77.6 亿元组建新的合资公司——东风雷诺，将成为又一个年产 30 万台整车的大项目。

东风和雷诺的合资，虽然表面上看是一个简单的中法合作项目，但东风汽车集团负责人认为，其意义不仅在此，因为一个更强大的合作体制将在东风—雷诺—日产这个"金三角"中诞生，对全球汽车产业战略格局将产生重大影响。

随着标致、雪铁龙、日产、本田、通用等排名世界前十位的大型汽车集团纷纷在汉投资设厂，武汉成功聚集了美、日、法和中国自主品牌四大系列，成为全国汽车系列之最。2016 年，武汉预计年产车量 300 万辆，进入中国汽车产业第一方阵，未来 10 年左右，将构建具有世界先进水平的汽车之都，抢占全球汽车产业的制高点。

同时，在引领汽车产业未来发展趋势的新能源汽车方面，武汉也展开了积极探索。2009 年 6 月，首个国家级电动汽车专利产业化试点基地——东风电动汽车产业园试点基地在武汉揭牌，其研发的混合动力电动城市客车项目形成了近 50 项专利、计算机软件著作权和国家标准，被授予国家科技进步奖二等奖。武汉市正在加快建设发展武汉新能源汽车工业院，东风电动汽

东风电动汽车产业园

车工程研究中心等一批研发平台，着力在新能源汽车、智能汽车、节能汽车、汽车电子、汽车再制造等新兴领域实现突破，积极探索新能源汽车、车联网的商业模式创新。

对武汉而言，汽车产业既促进了生产，也改变着生活。一方面，汽车工业对扩大就业、社会稳定起到了突出的作用，近年来，仅东风汽车公司就累计吸纳就业逾16万人次；另一方面，汽车极大地方便丰富了人类的生产、生活方式，推动了经济社会的发展，截至2013年年底，武汉市机动车保有量突破160万辆，正不断推进着武汉社会的进步。

第十章

大钢铁

钢铁是重要的工业原材料,钢铁工业是国民经济的重要基础产业,涉及面广、产业关联度高。从一百多年前的"汉阳造"到如今的"武钢",武汉作为传统的钢铁制造业基地,目前又着力打造中部现代制造业中心,对钢铁及其制品的需求不断增大,上下游产业链的延伸空间更加广阔。钢铁及上下游产业,对于武汉的产业发展、城市发展,发挥着不可磨灭的作用。

一、"汉阳造"——中国近代钢铁业的代表

作为我国近代工业的发源地,早在"洋务运动"时期,武汉就创造了闻名全国的"汉阳造",1894年成立的汉阳铁厂以炼铁厂为中心,兼采铁和采煤和炼钢为一体,创建了我国近代第一个、也是远东第一个钢铁联合企业。它的建成,标志着中国近代钢铁工业的兴起,为我国重工业开了先河。

除此之外,张之洞还创建了我国首家系统完备的军工厂——汉阳兵工厂,"汉阳造"从此闻名天下(汉阳步枪为抗日战争的胜利作出了巨大贡献),在中国近代军事建设以及国防中起到重要作用。以汉阳铁厂及汉阳兵工厂为代表的"汉阳造"品牌成为了中国近代军工的代表,是"湖北造",乃至"中国造"的代名词。

1934年武船、1953年武重、1954年武锅和1955年武钢,代表着武汉工业文明的历史变迁。到改革开放初期,武汉工业净产值一直位居全国第四位。武汉历史上的辉煌,正是得力于钢铁工业的辉煌。

20世纪50年代初期,为了改变我国"北重南轻"的钢铁工业

布局，党中央提出"钢铁要过江，钢铁要过关"的思路。决定在湖北兴建新中国第一个钢铁基地，新钢厂被列为苏联援建项目之一。1954年春，中苏专家沿着长江反复勘测选址，最终选中武汉东郊的一片开阔地，即后来的青山区。新厂正式命名为"武汉钢铁公司"。

1958年毛泽东同志视察武钢

1958年9月，毛主席得知武钢可在国庆节前出铁，他高兴地说："到出铁的那一天，我一定要去看看。"出铁当天，毛主席从武汉汉阳门上船，去看武钢出铁。船到江心，他说："我要游到武钢去。"说完便下了水，游了20多公里他才上船。随后登上一号高炉炉台观看一号高炉炼出的第一炉铁水。

50多年来，武钢历经了三次创业。1955年10月武钢青山厂区正式破土动工，武钢人开始了第一次创业，迎来了新中国兴建的第一个钢都的诞生。1974年，武钢从原联邦德国、日本引进一米七轧机系统，开创了我国系统引进国外钢铁技术的先河，武钢人开始了第二次创业，走出了一条"质量效益型"发展道路。

邓小平于1973年2月从江西回到北京，其外出考察的第一个钢铁企业便是武钢。邓小平虽已年近古稀，但步履轻快地登上炼钢厂的炉台。1980年7月，邓小平在湖北停留了12天，再次来到武钢，特地视察了一米七轧钢厂。

2005年以来，武钢努力推进第三次创业，生产经营和改革发展取得了突出成就：中西南战略扎实推进，本部产能成倍增

1980 年邓小平同志视察武钢

长,三大品种基地基本形成,自主创新能力大幅提升,"走出去"
战略取得突破。

2005 年 8 月胡锦涛同志视察武钢

二、武钢——新时期武汉钢铁行业发展的支柱

在世界现代钢铁企业中，人均钢产量是衡量其生产力水平的一个标志性指标。1993年，我国最先进的宝钢是人均200吨，国际水平是人均600吨，日本新日铁人均年产钢800吨，而当时有12万职工的武钢年产400多万吨钢，人均年产量不足50吨！如此低的劳动生产率，无法应对日趋激烈的国际钢铁市场竞争。因此，自1993年以来，武钢成功地进行了七次大规模的剥离辅助、下岗分流，剥离76139人，减员46565人。钢铁从业人员由11.2万人减至14850人，钢产量由475万吨增至708万吨，人均产钢由42吨增加到470吨，9年上缴利税182.45亿元，资产保值增值率达261%，职工工资增长284%。

作为新中国成立后第一个特大型钢铁联合企业的武钢，进入21世纪以来，通过联合重组鄂钢、柳钢、昆钢，生产规模近4000万吨，稳居世界钢铁行业第四位，已连续5年入围世界企业500强，2013年营业收入超过2000亿元，位居财富世界500强，排名第310位。如今，大到鸟巢、三峡工程、西气东输、多座长江大桥、京沪高铁、青藏铁路，小到轿车、彩电、微波炉，越来越多的"武钢造"走向全国，走进了人们的生活。

近几年来，武钢研制开发了新产品85个系列、300多个品种，高技术含量、高附加值产品比例由2004年的54%提高到82%以上，形成了以"桥、管、箱、容、军、电、车、线"等为重点的一批精品名牌和新拳头产品：冷轧硅钢产品品种、技术与规模继续保持国内领先，已基本建成全球最大、最具竞争力的硅钢研发和生产基地，拥有世界顶尖专利的汉产硅钢，成功打入了日本松下、

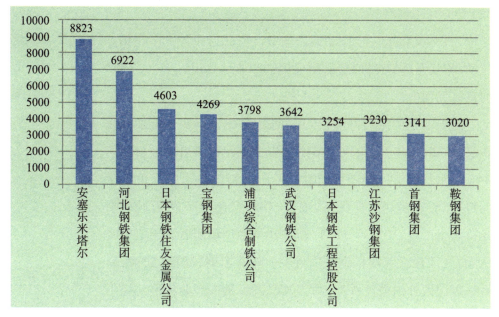

2012 年全球钢铁企业粗钢产量以及排名（单位：万吨）

日立等电器"巨头"；第五代桥梁钢，推广应用到芜湖长江大桥、京沪高速南京大胜关铁路桥等 60 余座大型桥梁，是我国桥梁钢研发与生产的引领者；武钢管线钢连续 4 年在工程供货中位居全国第一，在西气东输中武钢独占鳌头；具有自主知识产权的系列高性能建筑用钢，在国家大剧院、国家体育馆、中央电视台、拉萨火车站、天津津塔等地标性建筑中得到应用；武钢高速重轨于 2008 年通过时速 350 公里客运专线钢轨上线认证工作，创国内同类企业通过认证与达产最快纪录，填补了我国高速用轨资源在中南地区的空白，成为继硅钢产品之后武钢新的效益增长点。此外，武钢船用钢、帘线钢等产品均保持国内领先地位。

武汉既是全国重要的优质钢铁基地，也是传统的装备制造业基地。钢铁产业的发展，为装备制造业等相关产业提供了优质、充足的原材料；而这些相关产业的发展和正在实施的"工业倍增"计划又将进一步拉动钢铁消费。由此形成各大产业相互拉动、相互促进的良性循环,形成钢铁产业及其相关产业"多赢"的良好局面。

随着武钢的做大做强,宝钢、鞍钢等钢铁巨头也更加看重武汉。从 2005 年开始,宝钢集团投资 2 亿元在汉启动板材剪切中心和钢材物流中心项目;2012 年 3 月,鞍钢集团斥资 3.65 亿元打造"钢材剪切激光拼焊"项目,建设三条年产 20 万吨的激光拼焊生产线;2011 年 11 月,新日铁与武钢集团联合出资 18.5 亿元,在汉建设镀锡板钢铁项目……随着宝钢、鞍钢、武钢、新日铁等国内外钢铁巨头"会师"武汉,武汉钢铁产业集群效应不断增强。

而这种集群效应,不仅表现在钢铁产业内部,也突出地表现为对上下游产业及企业的吸纳与聚集。2006 年,年钢材需求量数百万吨的铁路机车制造企业——南车集团,在汉投资建设了亚洲最大的铁路货车研发制造基地;2011 年,北车集团也斥资 32 亿元,在武汉建设轨道交通装备产业基地和研发中心,填补了江城铁路客车制造空白。中国铁路机车制造两大巨头均在汉"落户",武汉一举跻身中国铁路机车制造"第一方阵"。

2011 年 8 月,武钢与武船强强联合,双方投资 25 亿元延伸产业链,成立武汉双柳武船重工有限责任公司,在双柳建造特种船基地。2009 年,武钢与东风公司成功对接后,全面进军汽车板市场,目前武钢的高强度镀锌汽车板在东风自主品牌乘用车的份额已达 90% 以上,东风商用车的热轧材全部使用武钢产品,东风股份 2014 年首次进入武钢销售网络,用钢量八成以上采购自武钢。

为进一步增强武钢的国际竞争力,更好地利用两种资源、

钢铁生产车间

两个市场，充分吸收境外资金、技术、管理经验和资源，武钢积极实施"走出去"战略，并取得重大突破。武钢开展合资合作海外项目多达 31 个，其中有 15 个铁矿项目，12 个海外贸易项目，2 个煤矿项目和 2 个钢铁生产项目。近年来，武钢敏锐地抓住金融危机给世界经济带来重大调整的时机，以较低的成本投资开发加拿大、巴西、澳大利亚、利比里亚、马达加斯加等国的 6 个铁矿石资源项目。通过参股、控股、项目合作等方式，到目前为止已经锁定了海外铁矿石资源量 60 亿吨，每年可以获得优质铁矿石 6000 万吨，极大地增强了武钢的资源保障能力。

2008 年金融危机时，武钢抓住契机逐鹿钢铁产业链上游，全球找矿——为布局沿海防城港的大型钢厂找"粮食"。3 年间，武钢海外项目多达 31 个，并在加拿大、巴西、澳大利亚等国拥有 9 个铁矿石项目，用较低成本锁定权益铁矿石 30 多亿吨，足够武钢"吃"上近百年。这家全球产能第四、却长期受铁矿石"扼颈"的钢厂，如今一跃成为全球钢企的"矿老大"。相关产业不仅为武钢捞到巨额"外快"，更为集团发展赢得战略主动权。

三、钢铁行业多元化发展，焕发新活力

钢铁业曾经是武汉绝对的第一产业，自武钢建立后，钢铁业即牢牢把握武汉的经济冠军地位。但是，2013 年武汉钢铁业已经从曾经的第一名，退出了第一方阵的争夺，5 个过千亿元产值的板块中，没有钢铁业。2005 年，武汉的产业结构中，钢铁还是"一柱擎天"，以 468.22 亿元的年产值遥遥领先。2006 年起，格局悄然改变，不再"一钢独大"。2006 年，汽车产业产值达到 540 亿元，超过钢铁业，成为武汉第一产业。

2012 年，能源环保、食品烟草等产业跟进，成为武汉千亿元产业的"新军"，算上原有的汽车、装备制造、电子信息，武汉千亿元产业达 5 个，成为武汉经济"第一集团军"的全新阵容，而钢铁产业下滑，未达到千亿元门槛，从曾经的第一产业名单中退出。

一个城市要保持长久的繁荣，也必须要有多元的产业结构。世界上没有一个特大中心城市是只有新兴产业，没有传统产业的。比如，上海有造船、石化、钢铁、汽车等，北京有汽车、石化、轻工等，天津有石化、飞机、冶金、棉纺等。瑞士、意大利等国至今还有很受消费者欢迎的传统手工业，成为奢侈品。因此，在武汉未来发展中，既要注重发展先进制造业，又要促进传统制造业的调整振兴；既要注重发展服务业，又要抓住制造业这一安身立命的基础。

因此，为适应形势发展，应对当前行业"寒冬"期，武钢积极采取多元化发展战略，大力发展非钢产业，如工程设计建设、机械制造、交通运输、物流仓储、投资融资、高新技术、钢材深加工、矿产资源开发、资源综合利用、后勤服务、国际贸易等，大幅提高非钢产业比例。专家认为，发展非钢产业是先进钢铁企业的普遍做法，

日本新日铁有 35% 的非钢产业,印度塔塔的非钢产业也达 40%。

武钢 2012 年 3 月在市场上宣布养猪计划,拟投入 390 亿元用于养猪养鸡等非钢产业,建万头养猪场。"武钢养猪"的新闻引发各界广泛关注和舆论争议,甚至被当作笑话,继而引发了人们对于钢铁行业的反思和发展非钢产业的理解。

发展非钢产业,是武钢不得不做的事情。目前,钢铁行业正处于低谷,多家钢铁生产企业面临着亏损,武钢的利润也大幅度下降。国内 A 股市场 20 家上市钢企公布的 2013 年度报告显示,其中 4 家亏损,16 家盈利。2013 年钢铁行业业绩增长的主要原因是 2012 年度业绩基数较低,部分钢企所获高额政府财政补贴以及非钢产业盈利所致。

按照武钢的"十二五"规划,产能规模将达 6000 万吨,主营业务收入达 2500 亿元,其中,非钢产业的产值目标是 1100 亿元,超过总收入的 30%。2013 年,武钢集团总利润 17 亿元,非钢产业的利润高达 30.8 亿元。

无论城市处于工业化的何种阶段,也无论未来经济社会如何变化,制造业始终都是经济增长的主要动力,是城市安身立命之本。武汉市委领导说:"不要担心制造业会不会被淘汰,没有夕阳的产业,只有夕阳的技术和夕阳的产品。传统产业通过改造提升,可以做到永葆活力。"

武钢主要负责人表示:"钢铁企业生存危机将长期存在,有效应对危机、实现逆境崛起无捷径可循,必须把变革创新作为突破困境的重要举措。"为此,2012 年 11 月,武钢启动了全员自主创新活动,制订了《深化职工全员自主创新活动管理办法(试行)》,并设立了专项奖励资金。

据介绍,一系列激励政策的出台,极大地鼓舞了广大职工立足岗位创新创效的热情。截至 2013 年年底,武钢职工取得技术攻关成果 3000 余项,职工提合理化建议 1.6 万条,职工申报公司第五届工人自主创新成果 300 个;武钢工人科技园与鄂钢签订 7 项联合技术攻关课题;建立职工创新工作室 168 个,完成攻关课题 1000 余个,其中联合焦化公司龚九宏工作室获全国机冶建材系统模范创新工作室,朱有发等 6 个创新工作室获武汉市职工创新工作室称号。

世界上最薄钢尺纪录,即因武钢而改写。2013 年 12 月之前,国内外钢企均无法制造厚度低于 2 毫米的碳合金板带钢,而武钢创造了历史,成功地将这一板材厚度降到 1.4 毫米,并实现了小批量稳定生产。此举标志着,过去年进口 120 万吨此类钢材的历史将随之改写。

后 记

　　来湖北后,我一直有个疑问:大武汉到底什么大?而且一直想搞明白。其实百年来,"大武汉"一词流行境内外,而又没有人说得清楚。我研究这一问题的想法得到了中共湖北省委常委、武汉市委书记阮成发的支持。我的同事杨希伟按我的想法带领新华社湖北分社廖君、陈卓琬、曾祥超、王勃亮、熊俊潇等记者、经济学博士、分析师,经过为时两个多月的深入调查研究,从历史、现状和发展前景三个维度,进行了归纳总结,最初是一份2万余字的调查报告。这份报告在《长江日报》刊发后,引起了全社会关于"市民眼中的大武汉"、"网民眼中的大武汉"、"专家眼中的大武汉"等热门话题讨论。

　　如今这篇分析报告几经修改、完善并能最终出版,离不开相关单位、专家、学者和工作人员的大力支持和帮助。

　　在湖北人民出版社社长袁定坤的支持下,在武汉市委宣传部、武汉市委政研室、武汉市政府研究室、湖北省社会科学院、武汉市社会科学院、湖北省交通厅、武汉东湖新技术开发区管委会等单位的帮助下,我们又在这份分析报告基础上作了多次完善、补充。武汉市委宣传部还专门组织专家对书稿进行了审订,提出了宝贵的修改意见;武汉市委宣传部部长李述永同志亲自主持书稿审订工作,对本书的出版给予了大力支持,在此特别表示感谢。

　　本书在撰写出版过程中,还得到了《长江日报》总编辑陈光、武汉市委政研室副主任樊志宏、武汉市政府研究室副主任陶宏斌、武汉市广播电视总台副台长雷喜梅、武汉市委宣传部新闻处处长李平、武汉市委宣传部新闻处副处长刘水平、湖北省社会科学院楚文化研究所所长张硕、武汉市社会科学院城市历史与文化研究所所长张笃勤、武汉市社会科学院谢金辉等同志的大力支持和斧正,在此一并致谢。